智能制造关键技术
与工业应用丛书

云制造资源智能优化配置与动态调度

Intelligent Optimization Configuration and Dynamic Scheduling
of Cloud Manufacturing Resources

胡艳娟　王占礼　张邦成　著

化学工业出版社

·北京·

内容简介

本书简要介绍云制造环境下制造资源智能优化配置与动态调度的相关技术。在现有云制造资源配置与调度研究的基础上，提出一种将云制造平台下复杂制造任务合理分解的方法；构建云制造资源匹配评价指标体系和智能优化匹配模型，并提出基于层次分析法的人工蜂群优化匹配方法；模拟在云制造服务平台中多种类型任务同时执行，并考虑各类突发事件，采用多层编码的遗传算法实现资源的动态调度；改进粒子群算法，实现在多干扰条件下云制造资源动态调度；运用博弈论和改进粒子群算法建立优化车间调度模型，实现车间资源动态调度。

本书可供从事云制造、智能制造相关工作的科研、工程技术人员阅读参考，也可作为从事网络协同制造、制造服务与管理研究的师生参考书。

图书在版编目（CIP）数据

云制造资源智能优化配置与动态调度/胡艳娟，王占礼，张邦成著．—北京：化学工业出版社，2023.2
（智能制造关键技术与工业应用丛书）
ISBN 978-7-122-42610-9

Ⅰ.①云… Ⅱ.①胡…②王…③张… Ⅲ.①计算机网络-应用-制造工业-研究 Ⅳ.①F407.4-39

中国版本图书馆CIP数据核字（2022）第230598号

责任编辑：金林茹　　　　　　　　　　装帧设计：王晓宇
责任校对：赵懿桐

出版发行：化学工业出版社（北京市东城区青年湖南街13号　邮政编码100011）
印　　装：天津盛通数码科技有限公司
710mm×1000mm　1/16　印张10¾　字数177千字　2023年10月北京第1版第1次印刷

购书咨询：010-64518888　　　　　　　售后服务：010-64518899
网　　址：http://www.cip.com.cn
凡购买本书，如有缺损质量问题，本社销售中心负责调换。

定　　价：98.00元　　　　　　　　　　　　　　　　　　版权所有　违者必究

前言

近年来云制造模式和技术的研究与应用促进了制造业向"产品+服务"为主导的"集成化、协同化、敏捷化、绿色化、服务化、智能化"的新经济增长方式发展,进而加快了制造业实现"智慧化制造",提高了制造企业的自主创新能力和市场竞争能力。但云制造技术还有许多问题亟待解决。本书针对云制造环境下制造资源智能优化配置与动态调度进行深入分析与研究,并提出相应的解决办法,为云制造体系的完善与应用提供参考。

本书围绕云制造资源智能优化配置与动态调度相关技术展开,全书共分为6章。第1章简要介绍云制造基础知识以及制造资源智能优化配置与动态调度在云制造环境下的研究内容;第2章对云制造任务进行阐述,分析云制造环境下任务的特点,利用HTN分层规划方法,按照任务在全生命周期中设计、制造、运输和维护四个阶段不同的特点,分别进行建模,并运用深度优化算法、快速模块化算法、人工蜂群算法等实现设计、制造、运输、维护四个阶段的任务分解;第3章分析影响云制造环境下任务与资源优化匹配的因素及需求,构建制造资源匹配指标体系和优化匹配模型,提出了一种基于人工蜂群的匹配方法,以6个子任务为例进行仿真分析,实现了云制造资源优化匹配;第4章对云制造环境下制造任务的各类突发干扰事件进行分析,建立了基于任务变化的资源调度模型,采用基于多层编码的遗传算法进行仿真实验,实现了云制造资源动态调度;第5章对云制造环境下制造资源发生变化时的动态调度进行研究,构建了数学模型,采用改进的粒子群算法进行仿真实验;第6章结合云制造车间生产制造过程中环境动态变化的情况,建立车间资源动态调度模型,在博弈论基础上采用粒子群算法建模,对云制造平台下车间资源的动态调度问题进行仿真。

本书在编写过程中,得到了长春工业大学、科技部科技评估中心、吉林大学、北京航空航天大学、美国密西根大学的大力支持,在编写及校对过程中,得到了吉林省智能制造技术工程研究中心的帮助，在此一并向他们表示衷心的感谢！

本书相关的研究工作得到了国家自然科学基金项目"云制造环境下可制造性评价理论与方法研究"（51405030）、吉林省科技厅重点研发项目"汽车制动盘多工位全自动平衡机的研制"（20210201107GX）、吉林省科技厅国际科技合作项目"工业云环境下汽车整车制造资源跨平台智能调度研究"（20220402019GH）的支持。

限于笔者水平，不妥之处在所难免，恳请广大读者批评指正。

著者

目录

第 1 章 概述 　001

1.1 云制造基础知识 　001
1.2 云制造资源智能优化配置与动态调度内容 　003
1.3 本章小结 　005

第 2 章 云制造任务分解建模与仿真 　006

2.1 云制造任务分解概述 　006
2.2 设计任务分解建模 　007
　2.2.1 设计任务分解原则 　007
　2.2.2 设计任务分解数学模型 　008
2.3 制造任务分解建模 　010
　2.3.1 制造任务分解原则 　010
　2.3.2 制造任务分解数学模型 　011
2.4 运输任务分解建模 　013
2.5 维护任务分解建模 　014
2.6 基于深度优化算法的设计任务分解 　015
　2.6.1 深度优化算法的基本原理 　015
　2.6.2 设计任务矩阵的建立 　015
　2.6.3 求解矩阵任务集 　016
2.7 基于快速模块化算法的制造任务分解 　017
2.8 基于人工蜂群算法的运输任务分解 　018

  2.8.1 人工蜂群算法原理 018
  2.8.2 编码 019
  2.8.3 适应度函数与算法流程 019
 2.9 基于层次分析法的权重计算 021
 2.10 实例仿真分析 023
  2.10.1 设计任务仿真 023
  2.10.2 制造任务仿真 025
  2.10.3 运输任务仿真 027
  2.10.4 维护任务仿真 030
 2.11 本章小结 030

第3章
云制造资源智能优化匹配建模与仿真 031

 3.1 制造资源的智能优化匹配问题描述 031
 3.2 云环境下制造资源分类 033
 3.3 制造资源匹配评价指标体系 035
 3.4 云环境下制造资源智能优化匹配模型 037
  3.4.1 优化目标函数 038
  3.4.2 约束条件 040
 3.5 基于层次分析法的权重计算 041
  3.5.1 层次分析法计算权重步骤 042
  3.5.2 权重计算 043
 3.6 基于人工蜂群算法的制造资源智能优化匹配 045
  3.6.1 编码操作 045
  3.6.2 适应度函数的构造 045
  3.6.3 雇佣蜂阶段 046
  3.6.4 观察蜂阶段 046
  3.6.5 侦查蜂阶段 046
 3.7 仿真实验分析 048
 3.8 本章小结 053

第4章
基于云制造任务变化的资源动态调度建模与仿真 054

 4.1 云制造任务 054

4.1.1 云制造任务信息描述 055
4.1.2 云制造任务动态性分析 055
4.2 基于云制造任务变化的资源动态调度问题描述 056
4.3 云制造资源调度指标建立 058
4.4 基于云制造任务变化的资源动态调度数学模型 058
4.4.1 数学符号及其描述 058
4.4.2 优化目标 059
4.4.3 约束条件 061
4.5 遗传算法 062
4.6 基于层次分析法的权重计算 064
4.6.1 层次分析法求解步骤 065
4.6.2 权重计算 066
4.7 基于多层编码遗传算法的资源动态调度 067
4.7.1 个体编码 067
4.7.2 适应度函数的构造 069
4.7.3 选择操作 069
4.7.4 交叉操作 069
4.7.5 变异操作 070
4.8 仿真验证 072
4.9 本章小结 080

第5章
基于资源变化的动态调度建模与仿真　081

5.1 云制造资源 081
5.2 基于资源变化的动态调度问题描述 082
5.3 基于资源变化的动态调度数学模型 084
5.3.1 数学符号及其描述 084
5.3.2 优化目标 085
5.3.3 约束条件 087
5.4 粒子群优化算法 088
5.4.1 粒子群算法基本原理 088
5.4.2 粒子群算法流程及步骤 089
5.5 基于改进粒子群算法的资源动态调度 090
5.5.1 编码 090

  5.5.2 适应度函数构造 091
  5.5.3 粒子位置与速度更新 092
  5.5.4 粒子群算法的改进 092
5.6 仿真分析 095
5.7 本章小结 102

第 6 章
云制造环境下车间资源的动态调度建模与仿真 104

6.1 车间资源动态调度问题描述 104
6.2 任务优先级评定建模 107
  6.2.1 博弈论及其要素 107
  6.2.2 两项任务优先级评定 108
  6.2.3 多项任务优先级评定 109
  6.2.4 多目标评定矩阵构建 111
6.3 车间资源动态调度建模 113
  6.3.1 数学符号及其描述 113
  6.3.2 优化目标 114
  6.3.3 约束条件 115
6.4 基于改进粒子群算法的车间资源动态调度 116
  6.4.1 编码 116
  6.4.2 适应度函数构造 117
  6.4.3 粒子群算法操作流程 117
6.5 仿真分析 119
6.6 本章小结 125

附录 126

参考文献 161

第1章

概述

1.1 云制造基础知识

制造业自古以来就是一个国家经济繁荣和发展的重要产业,随着国家政策和市场需求的不断推动,各种先进制造技术和高科技信息技术应运而生。当前互联网技术的迅猛发展,使制造业发生了令人惊叹的变化,制造业所追求的目标也逐渐发生了转变,从之前的规模化生产、低成本生产、高效率生产到现在的高科技创新生产和网络化制造及其服务模式。随着各种信息技术、互联网技术和计算机技术的提升,制造业不得不改变已有的制造模式,寻找新的生产制造模式来满足企业的需求。为了应对这种时刻在更新和进步的挑战,适应变幻莫测的市场经济,满足企业和个人用户个性化、多样化的需求,各种各样的制造模式也随之产生。其中,网络化制造模式能够将互联网技术和传统制造业相对较好地结合,以此来应对当前亟待发展的制造业需求,这种方式不仅能够突破地域差距对传统制造企业生产模式的限制,还可以对零件产品加工的全生命周期中的各个制造环节的所有活动进行企业之间的协作和各类资源的共享。2009年,北京航空航天大学李伯虎院士及其团队,结合当时的各种高新制造技术和云计算的理念,将急需突破发展限制的制造业和新型的互联网进行结合,提出了一种面向服务的网络化制造新模式——云制造(cloud manufacturing,CMfg)。

云制造是一种基于网络的、面向服务的智慧化制造新模式,它融合发展了现有信息化制造(信息化设计、生产、实验、仿真、管理、集成)技术与云计算、物联网、服务计算、智能科学、高效能计算等新兴信息技术,将各类制造资源和制造能力虚拟化、服务化，构成制造资源和制造能力的云服务池，并进行统一的、集中的优化管理和经营，用户只要通过云端就能随时随地按需获取制造资源与能力服务，进而智慧地完成其制造全生命周期的各类活动。

基于云制造模式和手段构成的系统称为云制造系统或制造云，它是一种基于各类网络（组合）的、人机物环境信息深度融合的、提供制造资源与能力服务的智慧化制造。云制造系统的功能体系架构如图 1.1 所示。

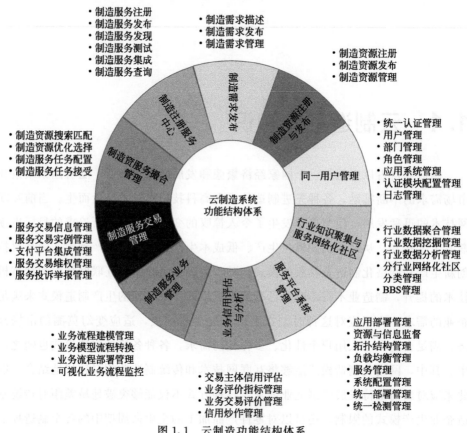

图 1.1　云制造功能结构体系

云制造具有制造资源和能力的数字化、物联化、虚拟化、服务化、协同化、智能化特征，其综合体现为智慧化的技术特征。云制造能够按需提供服务，具有强大的资源聚集能力、知识汇聚创新能力、支持个性化及社会化制造的能力、支持绿色制造的能力。云制造通过上述特征和能力，可以支持制造企业向"产品＋服务"型转型，实现经济增长方式的转变；支持按需使用，提高制造资源利用率，进而提高制造企业的市场竞争能力；支持过程制造协同与群体协作，提高企业自主创新能力，加快制造业实现"智慧化制造"。云制造还可以在很大程度上降低制造的门槛，使许多小企业甚至没有足够制造经验的个人也可以在云制造平台的支持下，生产出自己理想的产品。这些都将为制造业带来前所未有的变革。

1.2 云制造资源智能优化配置与动态调度内容

中国是制造业大国，制造业具有制造资源基数大、种类繁多、资源差异性大等特点，同时不同制造企业的规模、制造能力各不相同，所具备的资源服务能力和需求的资源也有差异。大集团型的企业具有完善的制造生产链和雄厚的资本，规模较小的企业没有足够的资金购买昂贵的设备资源、技术人才资源为其服务，从而相当一部分企业失去了企业竞争力。在云制造环境下，企业之间实现资源共享，一些企业的闲置资源以数据的形式存储在云制造服务平台中，有资源需求的企业可以通过云制造服务平台"租赁"所需要的资源为其服务，并支付相应的"租赁"成本，这样大大减少了使用资源成本，为企业的进一步发展提供有利条件，资源提供企业也会因资源"租赁"提高资源的使用效率。因此，在云制造模式下，企业间资源的协同、共享得到充分体现。

为资源需求方服务是云制造模式中的重要一环。在云制造模式中，云制造服务平台会收到大量的服务请求信息，然后根据用户的要求（时间、效率、成本等）给出最优的资源匹配方案和调度组合，实现资源的智能匹配与调度。对此，本书主要针对以下几个问题开展研究及分析。

(1) 云制造任务分解问题

云制造平台任务分解是利用已有的生产要素，以需求者对该生产任务提出的要求为驱动力，把云平台上的任务分化为几个符合实际生产的流程。为了解决云平台的任务分解问题，一方面需要根据实际情况建立相应的数学模型，另一方面需要基于该数学模型的特点选用适合的算法，计算出最佳的分解方案，为任务在资源池中匹配更优质的资源。

针对云制造任务分解问题，第 2 章利用 HTN（hierarchical task network）分层规划方法，按照任务在全生命周期中设计、制造、运输和维护四个阶段不同的特点，分别进行建模；运用深度优化算法、快速模块化算法、人工蜂群算法等,把设计、制造、运输、维护四个阶段的任务进行分解。

(2) 云制造资源智能优化匹配问题

云制造环境下制造资源智能优化匹配问题的实质是:将进入云平台的用户对制造资源需求本体同云平台现有制造资源的描述本体进行搜索比较,找到满足加工要求的制造资源的过程。

针对云制造资源智能优化匹配问题,第3章对云制造资源进行了分类描述,建立了智能优化匹配评价指标体系和匹配模型;提出了基于人工蜂群算法和层次分析法的混合智能优化匹配方法,实现云制造资源智能优化匹配。

(3) 基于云制造任务变化的资源动态调度问题

云制造模式中,制造任务以服务指令的形式发送至云制造服务平台,制造任务具有多粒度性、大规模性、复杂性、动态性等特点。云制造任务的动态性主要体现在制造任务需求变化、新制造任务加入及相关制造任务的撤销等。云制造任务的变化导致了云制造资源调度具有动态性。

针对基于云制造任务变化的资源动态调度问题,第4章对基于云制造任务变化的资源动态调度进行了描述,建立了基于云制造任务变化的资源动态调度模型,提出了基于多层编码的遗传算法和层次分析法混合的动态调度方法,模拟了在云制造调度的全生命周期中出现新增制造任务、制造任务撤销、制造任务属性变化三种情况,实现了云制造环境下基于制造任务变化的资源动态调度。

(4) 基于资源变化的动态调度问题

云资源以数据形式存储于云平台,其状态属性随服务进程实时发生变化,或繁忙或空闲或维修等,同时云资源动态地接入和撤出云制造系统亦是云制造资源动态的重要表现形式。本书中云制造环境下资源的动态性主要体现在资源属性变化、新资源接入、资源撤出及资源维护。

针对基于资源变化的动态调度问题,第5章对基于云制造资源变化的动态调度问题进行了描述,建立了基于云制造资源变化的动态调度模型,提出了基于粒子群算法和层次分析法的混合动态调度方法,设置不同的时间点发生不同的干扰事件,模拟了调度系统智能处理干扰事件,并得到相应的全局调度方案。

(5) 云制造环境下车间资源的动态调度问题

云制造车间生产制造过程中环境存在动态变化的情况,车间资源环境动态变化主要包含新任务的不定时加入、任务的撤销、资源使用中的意外宕机及日常维护等,因此云制造环境下车间资源调度具有动态性。

针对云制造环境下车间资源的动态调度问题，第 6 章对云制造环境下车间资源的动态调度进行分析，基于博弈论模型对资源调度进行建模，提出了基于粒子群和博弈论的动态调度方法，通过模拟车间调度的多种突发情况，云平台对任务进行排序并给出当前最佳调度方案。

1.3 本章小结

本章简要概述了云制造的基础知识、云制造资源智能优化配置与动态调度存在的问题，在此基础上，介绍了本书的重点内容及主要方法。

第 2 章

云制造任务分解建模与仿真

云制造平台任务分解是利用已有的生产要素，以需求者对该生产任务提出的要求为驱动力，把云平台上的任务分化为几个符合实际生产的流程。为了解决云平台的任务分解问题，一方面需要根据实际情况建立相应的数学模型，另一方面需要基于该数学模型的特点选用适合的算法，计算出最佳的分解方案，为任务在资源池中匹配更优质的资源。根据设计、制造、运输、维护各阶段任务的特点，以及各阶段不同的模型，分别寻求适合的算法进行求解。根据云制造环境的特点，以车间智能生产线为例进行仿真验证。

2.1 云制造任务分解概述

任务分解是将复杂的生产制造流程分解为多个简单的流程，将繁琐的生产制造过程依据实际情况分化为几个流程较为简单的阶段。这几个流程又可以继续分成粒度适当的多种子任务，并构成不同的子任务集合。由此可见，子任务集合具有多样性的性质，所以本章提出一种基于 HTN（hierarchical task network）分层任务规划理论，将任务按照产品全生命周期进行分解的方法，如图 2.1 所示。

HTN 采用智能化求解方式解决规划问题，利用树状图的形式将一个复杂繁琐的总体任务逐步分解至可直接被执行的子任务。HTN 规划任务用三元组（S，T，D）表示，S 是指任务的状态，表示任务是否分解完成；T 是指 n 个任务集合，表示需要进行规划的任务列表，同时也为执行的先后顺序；D 是指操作和方法的范围，表示在不同任务阶段需运用分解方法的界限。云平台通过 HTN 规

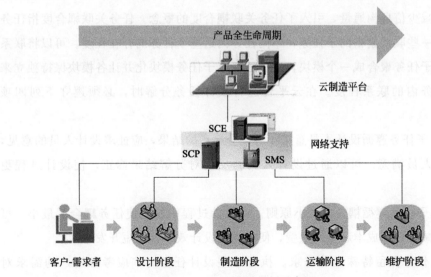

图 2.1 HTN 分层规划示意图

划，可以使复杂任务在生产周期中的各阶段得到最佳分解方案。各阶段之间既存在联系，又可以独立执行，可根据实际生产需求执行一个或多个阶段任务。因此，如何在各阶段将任务合理分解成可执行的子任务成为本章介绍的重点。

2.2 设计任务分解建模

通过云制造平台对产品进行设计，其本质上是根据实际情况进行并行设计。并行设计是指在一个新组建的设计项目组中，将不同领域、不同学科、不同专长的人集结起来，对该项目完成设计作业。在项目开展之前就要考虑所设计产品整个生命活动周期的全过程，联合多个行业、多个部门对产品进行有机统一的设计，缩短产品设计时间，尽快进入制造阶段，不仅缩短了生产周期，而且节约了企业制造成本，从而提升整体效率。

2.2.1 设计任务分解原则

设计任务包含多种子任务，这些子任务间存在着错综复杂的内在联系。对设计任务来说，设计的过程就是将所有子任务按照最佳匹配方式进行排列组合。子任务间需要保持一定的联系，这就要求设计人员要进行频繁沟通来使各自的设计工作相互契合。为了尽可能把联系程度高的拆分到一起，降低不同子任务组间的联系，减少信息沟通量，引入了任务关联耦合度的概念。任务关联耦合度指任务中存在一些联系紧密的子任务，不同任务内这些子任务的存在程度。可以将联系紧密的子任务聚合成一个模块，通过把所有子任务模块化并让各模块保持独立来减少任务内的联系程度。在云平台进行设计任务分解时，必须遵守下列四项原则：

① 子任务遵循设计人员意见。对于分解后的结果，应征求设计人员的意见，让设计人员满意。可以通过设计人员的反馈对分解结果修正，使设计过程更合理。

② 子任务遵循耦合度最小原则。在设计过程中通过使任务耦合度最小，可以有效减少设计成本和资源浪费，便于提高设计效率、缩短开发时间。

③ 任务保留特殊设计需求。执行某些设计任务时，应考虑用户的需求对设计的影响，保留用户对产品设计的特殊要求，在产品设计过程中防止对其拆分。

④ 子任务的粒度应保持适度。粒度是子任务数量与层级划分的总体概括，当粒度太小时，子任务数量偏多，任务分布较分散，不便于对子任务进行管理控制；当粒度太大时，子任务数量偏少，任务压力较大，相互联系较广，不便于对子任务的求解。所以需要通过任务分解机制，不断优化分解粒度，最终找到适中的子任务粒度。

2.2.2 设计任务分解数学模型

本节定义 S_{ij} 为满意度，j 为第 j 设计组，T_i 为任务。此时 S_{ij} 代表第 j 设计组对任务分解结果的满意度。满意度 S_{ij} 可以设置成一个模糊变量集合，包含很不满意、不满意、一般、满意、很满意五个元素。将这五个元素用数据直观量化表示为：0、0.25、0.5、0.75、1。

此时可知，平均满意度：

$$S' = \sum_{j=1}^{m} S_{ij}/m \tag{2-1}$$

式中，m 为设计组的个数。

我们先把产品的设计任务看作一个总任务，按照功能类别分类。该任务可分解为几个子任务，当子任务无法继续分解时，称之为最小子任务。若还可以继续分解，就可以利用上述公式对该子任务进行一次满意度检测。此时，我们要引入一个标准阈值 λ，λ 的取值范围在 0～1 之间，该数值视情况而定。具体的分解步骤如下：

步骤1　先把产品的设计任务看作一个总体任务，按照功能类别将其分解为多个子任务 $T_i(i=1,2,\cdots,n)$。

步骤2　当子任务无法继续分解时，分解到此为止。若还可以继续分解，就可以通过式(2-1)对其进行满意度检测。

步骤3　若检测得出的满意度低于阈值 λ，则该任务需要继续细化分解，直到分解出的子任务的满意度高于设定阈值 λ 为止。

步骤4　对任务分解后的结果进行合理性判断，最终完成设计任务的树状结构分解。

满意度的取值大小可以从以下三个方面考虑：平台方面、服务方面、客户方面。平台方面包括结构满意度、材料满意度和可行性满意度；服务方面包括人员素质、服务价格、设计理念；客户方面包括性能需求、信誉度。通过式(2-1)算出其平均满意度，将结果与阈值 λ 进行比较，需达到各子任务的规定标准，同时能满足产品整体的属性需求。

通过上述方式进行分解后，形成了具有层次的树状结构。此时我们定义 T 为任务，$T_1,T_2,\cdots,T_n$ 表示其分解后的子任务，$T_{i1},T_{i2},\cdots,T_{in}$ 表示子任务 T_i 的下级子任务，角标表示任务层次结构及从属关系，根据任务节点数据值与任务间的相互联系建立设计结构矩阵。设计结构矩阵是利用各种信息的联系反映子任务间关联程度的，运用数学手段为研究者分析相关课题提供便利。设计结构矩阵的维数代表设计任务的数量，该矩阵的每一行都代表完成本项任务所需其余任务输出的信息，每一列代表完成本项任务所需其余任务输入的信息。在式(2-2)（设计结构矩阵）中，A 表示由 n 个子任务构成的矩阵，子任务可以用 $T_i(i=1,2,\cdots,n)$ 表示。对角线元素代表该项设计任务分解的子任务，各项设计子任务之间的信息流通用 a_{ij} 表示，如果任务 T_i 对任务 T_j 有信息流通，$a_{ij}=1$；如果任务 T_i 对任务 T_j 没有信息流通，$a_{ij}=0$。

$$A=\begin{bmatrix} a_{11} & \cdots & a_{1n} \\ \vdots & \ddots & \vdots \\ a_{n1} & \cdots & a_{nn} \end{bmatrix} \quad (2\text{-}2)$$

在实际情况中，各种子任务间联系程度有强有弱，因此在设计结构矩阵时，需要明确不同子任务之间的联系程度,所以本章采用模糊集理论的方法解决该问题。将不同的信息量化为具体数据,以此来提高对不同任务联系程度描述的准确性。在云制造的设计任务分解中,根据不同设计子任务间相互作用关系的大小,设置了一个模糊变量集合,该集合由五个元素组成:弱,较弱,中,较强,强。将五种情况用数据直观量化表示为:0,0.25,0.5,0.75,1。用该数值表示矩阵中的各类元素,同时使矩阵 A 转变为式(2-3) 所示的数值矩阵 P。经过这一转变,通过该矩阵一方面可以清晰看出各项设计任务有无信息流通,另一方面还可以看出任务间联系程度的强弱。

$$P = \begin{bmatrix} 0 & \cdots & 0.5 \\ \vdots & \ddots & \vdots \\ 1 & \cdots & 0 \end{bmatrix} \quad (2\text{-}3)$$

2.3　制造任务分解建模

当前,我国的传统制造企业正处于转型升级的关键期,一方面客户的需求逐步精细化,另一方面市场的竞争逐步白热化,信息时代的到来使市场需求更加多样化和精准化。云制造的出现给了传统制造业一个转型升级的突破口。此时,依靠对产品制造全过程的任务分解,可对制造任务进行精准分割、准确匹配。当前的产品结构越来越复杂,一个配件就可以由成千上万的零件构成,这些零件之间或多或少地存在一些依存联系,我们可以凭借这些特征对制造任务进行分解。

2.3.1　制造任务分解原则

制造任务遵循一定的分解方式划分成不同的子任务,而这些子任务之间相互制约、相互关联。由于这些子任务是通过设计任务分解而来的,此阶段的子任务之间不需要进行信息交互,只需遵循任务属性进行加工。提交到云制造平台的制造任务根据任务属性的不同,可以分解为不同的子任务有向图。子任务之间的先后依存关系决定了它们制造的先后顺序,所以云制造平台在制造任务分解时,必须保证下列五项原则:

① 子任务可匹配原则:由于分解后的子任务要交予车间加工,所以子任务需能够在资源池找到满足其要求的匹配资源。

② 子任务相对独立原则：在设计产品加工过程中应满足生产要求，尽量将能一次加工完成的工序集中到一处，防止在之后的运输过程中对产品造成非必要的损伤，导致成本和废品率上升。

③ 子任务易管理控制原则：任务分解后的子任务，在生产车间进行加工时，需要云平台对其进行管理控制。子任务的数量要便于管控且每个子任务工作量相近，保证整体任务的完成度，避免由于单个子任务耽搁时间过长而影响整体进度。

④ 子任务内聚性最大原则：分解后的子任务存在多种聚合可能，需要选取最优的组合方案。在保证分解方案可行的情况下，在子任务间引入聚合系数，用来判断任务间向性的强弱，选取组间内聚值总和最大的方案。

⑤ 特殊加工原则：当加工工件有特殊要求时，如需要无间隔连续加工生产，或完成某道工序后要立即进行特殊处理等，要保持加工过程的完整性，不得继续拆分该加工序列。

2.3.2 制造任务分解数学模型

在制造过程中，一般工序步骤极其分明，都是由工序到零件、由零件到部件、由部件到产品逐级完成，层次划分清晰，联系紧密。常见的工业产品一般都是在上一代产品的基础上进行改造升级而来的，其内部结构一般来说不会有根本性的改变，很少有完全原创的产品出现，因此本章采用WBS分解方法。工作分解结构（WBS）是一种将内部关系以层次结构形式分解的方法，通过参考云平台资源库中同类产品的结构，依靠WBS使制造任务更容易分解。由于将制造任务分化至工序级会产生极大的输送费用，所以在实际生产中一般把最小生产制造任务单元定在零件级。

云制造环境下最小子任务即元任务，其间存在相对固定的先后顺序。一般来说，任务的约束结构有四类，如图2.2所示，分别为串行、并行、循环、选择四种。串行约束结构是指该项制造任务的几个元任务有明确的先后顺序；并行约束结构是指该制造任务的几个元任务没有明确的先后顺序；循环约束结构是指这些元任务可以多次循环完成；选择约束结构是指生产过程中可根据生产情况决定加工方式，对下一个任务没有影响。可依据任务的约束结构，利用式（2-4）～式（2-6）对任务间的相互关系进行计算，算出制造任务间的内聚系数。

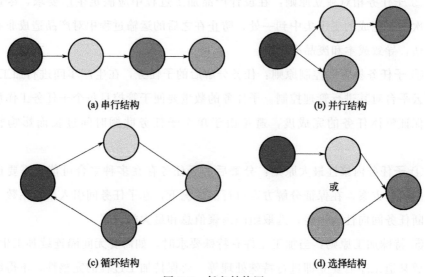

图 2.2 任务结构图

任务关联系数：

$$\alpha_i = \begin{cases} \dfrac{\sum_{(p_o,e_i)\in t} |\{(q_o,d_i)\in t | (\{p_o\}\cup\{e_i\})\cap(\{q_o\}\cup\{d_i\})\neq \phi, p_o\neq q_o\}|}{|t|\cdot(|t|-1)} & |t|>1 \\ 0 & |t|\leqslant 1 \end{cases}$$

(2-4)

式中，t 是指元任务的集合；$|t|$ 是指元任务的数量；p_o、q_o 是指输出元任务；e_i、d_i 是指输入元任务；分子表示当 $q_o\neq p_o$ 时，每个子任务和其他子任务相交的次数总和。

任务重用系数：

$$\beta_i = \begin{cases} \dfrac{|\{u\in U | \exists (p_o,e_i)\in t,(q_o,d_i)\in t, u\in(\{p_o\}\cup\{e_i\})\cap(\{q_o\}\cup\{d_i\}),(p_o,e_i)\neq(q_o,d_i)\}|}{|\{u\in U | (p_o,e_i)\in t, u\in(\{p_o\}\cup\{e_i\})\}|} & |t|>0 \\ 0 & |t|=0 \end{cases}$$

(2-5)

任务重用系数 β_i 指的是子任务中重复使用的元任务占所有元任务的比值，比值越大，说明相互间联系越频繁。

任务内聚系数 C_i 是对任务内聚性的综合度量，是任务关联系数 α_i 与任务重用系数 β_i 的乘积，可以利用公式(2-6)计算求得：

$$C_i = \alpha_i \beta_i \tag{2-6}$$

任务内聚系数反映了制造任务中各子任务的关联水平,通过其关联水平也可以看出子任务的工作量大小,即粒度大小。子任务粒度可以通过两项指标说明:一是任务粒度系数,二是任务数量。任务粒度系数越大,说明子任务数越少,任务分解不到位,生产制造工作相对复杂;任务粒度系数越小,任务数量越多,说明子任务数量越多。为避免子任务完全分解至元任务层,导致任务数量激增,引入耦合系数来保证聚合结果的合理性。A_i 是指任务耦合系数,C_i 是指内聚系数,那么粒度就可用耦合系数除以内聚系数进行计算,用式(2-7) 表示为:

$$\tau_i = \frac{A_i}{C_i} \tag{2-7}$$

则可以用各个子任务粒度的均值来表示云制造任务的整体粒度,即:

$$\tau_{all} = \frac{\sum_{i=1}^{N} \tau_i}{N} \tag{2-8}$$

τ_{all} 越大,表示制造任务分解出的子任务内聚程度越低,任务粒度的取值越不合理。

2.4 运输任务分解建模

生产制造过程中的运输任务是根据制造子任务之间资源交互需求产生的。当面对多个制造子任务时,由于运输服务受区域性和运输量的限制,所以完整的运输任务需要分解成若干子任务去服务不同区域的制造子任务。通过逐一匹配符合要求的运输资源,让运输效率最大化。根据上述情况,建立运输任务的数学模型,如下所示。

(1) 运输时间目标函数 T

根据运输任务要求的时间对候选资源池中运输资源进行匹配,因此运输资源的运输时间函数为:

$$T = T_1 + T_2 + \cdots + T_n \tag{2-9}$$

T_{max} 表示最晚交货期限,那么运输时间 T 的约束为:

$$T \leqslant T_{max} \tag{2-10}$$

(2) 运输成本目标函数 C

根据运输任务要求的成本对候选资源池中运输资源进行匹配,因此运输资源的运输成本函数为：

$$C = C_1 + C_2 + \cdots + C_n \tag{2-11}$$

$C_{\max}$ 表示客户所规定的最高成本，那么运输成本 C 的约束为：

$$C \leqslant C_{\max} \tag{2-12}$$

(3) 运输质量目标函数 Q

根据运输任务要求的服务质量对候选资源池中运输资源进行匹配，因此运输资源的运输质量函数为：

$$Q = Q_1 + Q_2 + \cdots + Q_n \tag{2-13}$$

$Q_{\min}$ 表示客户规定最低服务质量，那么运输服务质量 Q 的约束为：

$$Q \geqslant Q_{\min} \tag{2-14}$$

(4) 运输能力目标函数 Tr

根据运输任务要求的运输能力对候选资源池中运输资源进行匹配，Tr_i 表示运输服务时各段所能承受的最大运载量，因此运输资源能力 Tr 的约束为：

$$Tr \leqslant \min\{Tr_1, Tr_2, Tr_3, \cdots, Tr_n\} \tag{2-15}$$

2.5　维护任务分解建模

生产制造过程中维护任务贯穿产品的整个工作阶段。维护任务在维护类型、维护技术水平、维护工作量大小等方面存在差异，这里将按维护任务类型和工作量的不同来进行分解。按类型可分为提前预防、紧急维护、针对维护三类，按工作量分为大、中、小三类。在此基础上，借鉴模糊集合的思想对其进行模糊分类，在满足技术要求和工作量的条件下完成资源选择。

由于生产维护任务的可选服务种类繁多，服务能力不同，所以云平台需要把所有提供服务的资源整合到一起，形成一个统一的整体。在整合资源时，平台要综合考虑服务资源是否能够完成所要执行的维护任务以及维护任务的完成效率，所以需要考虑多个因素，包括基本信息、属性信息和服务信息三个方面，每一方面都有几项指标，如图2.3所示。

以维护任务为研究对象，选择工作时间（T）、损耗程度（W）、服务区域（D）、服务能力（B）、服务信誉（C）作为主要衡量指标，各指标意义如下。

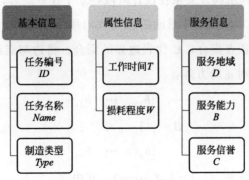

图 2.3　维护任务信息

工作时间（T）：需要维护资源的工作时间。

损耗程度（W）：需要维护资源在不同工作条件下设备损耗的程度。

服务区域（D）：维护任务发布方对服务资源可服务区域的要求。

服务能力（B）：维护服务的执行效率。

服务信誉（C）：维护任务需求者对维护服务资源的认可情况，该指标可用多次维护后，给予历史信誉评价的平均值表示。

综合以上指标可构建出云制造任务的形式化描述模型：

$$ST(i)=\{ID(i);Name(i);Type(i);T(i);W(i);D(i);B(i);C(i)\} \tag{2-16}$$

2.6　基于深度优化算法的设计任务分解

2.6.1　深度优化算法的基本原理

深度优化算法（depth first search）是一种常用的云端搜索算法，该算法可以将树状图中的所有节点遍历完全。在遍历过程中，对于遍历到的节点，若其还有未被找到的边界，那么就沿着这条边继续搜索。当所有边界全部被经过时，算法将会由后向前再倒序搜索一遍，直到搜索至最初的那一节点。

2.6.2　设计任务矩阵的建立

在产品的设计阶段，各设计子任务存在不同程度的联系，该联系可能会影响产品设计的进度。利用耦合关系在设计阶段建立子任务集合，其中包含了具有相互联系的多个子集。本节通过图论的思想找出所有子任务，设有向图 $H=[V,E]$，V 代表有限的顶点集合，E 代表边界的集合。将边与点组合成相应的顶点，其值从 V_1 到 V_n，则 n 阶方阵：

$$\boldsymbol{B}=\begin{bmatrix} b_{11} & \cdots & b_{1n} \\ \vdots & \ddots & \vdots \\ b_{n1} & \cdots & b_{nn} \end{bmatrix} \tag{2-17}$$

$\boldsymbol{B}$ 为 $\boldsymbol{H}$ 的邻接矩阵（$i,j=1,2,\cdots,n$），其中，

$$f(x)=\begin{cases} 1 & (V_i,V_j)\in \boldsymbol{E},(V_j,V_i)\in \boldsymbol{E} \\ 0 & 反之 \end{cases} \tag{2-18}$$

此时将设计任务当作一个节点，而任务之间的相互联系被看作有限边，那么设计的结构矩阵本质上就是有向图的邻接矩阵。如果有向图中的任意两个节点都可以连通，那么有向图就可称作强连通图，其中极大强连通子图可称作该有向图强连通的分支。所以，可用该方法将耦合数据集的问题转换为有向图中寻找强连通分支的问题。

2.6.3 求解矩阵任务集

由于各个任务之间或多或少都有联系，这就使得矩阵中很少有元素为零，且这些元素的数值差距较大，表示任务联系较广，运算复杂，求出最终解的难度大。当任务间联系较为复杂时，可选择性忽略联系较小部分以达到简化运算的目的。所以，本书对数值结构矩阵截取一部分，用来形成简化的布尔矩阵。

通过对布尔矩阵进行分解，可以得到总任务分解集合。总任务分解集合中每个子集代表一个分解后的子任务，且每个子集不会为空集。当子集中只含有一个元素时，说明该子任务相对独立存在。通过这样的方式，可以得到最优的子任务组合，并完成设计任务分解。其具体步骤如下。

步骤1 将每个子任务当作顶点，即矩阵行或列表示全部子任务，设定矩阵中随机顶点为初始点 V_0，从此点出发，访问其余各点。

步骤2 找出 V_0 邻接点中的第一个未被访问的邻接点，并立刻访问该顶点。以该顶点为新初始点，重复步骤2，直至刚访问过的顶点周围的邻接点都被访问

步骤 3　返回前一个访问过的但仍有未被访问邻接点的顶点，继续访问该顶点所连接的下一个未被访问邻接点。

步骤 4　重复步骤 2、3，直至所有顶点均被访问，正向搜索结束。

步骤 5　逆向搜索，验证之前任务组合是否一致。当结果一致时，其每次访问的组合即为任务分解组合，即完成了该阶段的任务分解。

2.7　基于快速模块化算法的制造任务分解

制造任务分解的复杂性可以通过快速模块化算法（fast modularity optimization method）来解决。对于云制造环境下的制造任务，复杂一些的有上百个元任务，因此同样可以把这些任务看作 $H=[V,E]$，表示一个体量较小的网络，V 代表该任务所有节点的集合，E 代表所有边的集合。

在该网络组合中，节点与节点中间的边的数量称为度，它表示节点的连接密度。则该任务节点 $v_i \in V$ 的度 k_i 就是指相连几个边的权重 w_{ij} 的总和：

$$k_i = \sum_{j=1}^{s} w_{ij} \tag{2-19}$$

则网络总权重 L_w，即加权任务网络所有边的权重和，可以用公式（2-20）表示：

$$L_w = \frac{1}{2}\sum_{i=1}^{n} k_i \tag{2-20}$$

增加图团体内部的边、减少外部的边是优秀网络划分的基础。为了衡量该网格划分的质量，本书采用模块度来衡量其划分水平。模块度是指图团体内部边的数量减去预期边的数量，该数量值越大说明网格划分质量越高。内部的关联越密切，边的比重越大，所以模块度的公式为：

$$M = \frac{1}{2L_w}\sum_{i,j=1}^{n}\left(w_{ij} - \frac{k_i k_j}{2L_w}\right)\delta(v_i, v_j) \tag{2-21}$$

在式（2-21）中，w_{ij} 代表权重矩阵 w 中第 i 行、第 j 列的数值，该数值可以体现出这个节点任务的联系紧密程度；n 表示元任务节点的数量；k_i 代表

节点 i 所有相接边的权值和；$\delta(v_i, v_j)$ 表示 v_i 和 v_j 两个节点的归属情况，都属于同一个团体时为 1，不属于同一团体时为 0。由于规定模块度上限为 1，下限为 0，因而越靠近 1 就说明划分情况越理想，但在实际生产过程中基本不可能达到 1。一般将 0.4~0.7 之间的模块度作为标准，以此判断模块的划分情况。通过上述方法得出模块度最大值时，其结构就是最佳的聚合结果，具体如下：

第一步，将每一个任务节点都当作一个团体，根据相应公式得出模块度。

第二步，随机聚合两个团体，并将该团体视为单独节点，计算其模块度的涨幅差距，该差距计算公式为：

$$\Delta M = \frac{2}{L_w}\left(w_{ij} - \frac{k_i k_j}{L_w}\right) \tag{2-22}$$

第三步，将第二步计算出的数值列出，取其中最大的两项继续进行聚合，计算其模块度。

第四步，循环第二步和第三步的全部步骤，直到整个网格都被聚合为一个模块。

第五步，比较所有的数据，模块度最大值时对应的就是最优聚合结果。

第六步，计算该过程中各团体粒度大小的平均值，将该值作为任务节点整体的粒度，如果低于要求阈值，那么重新划分网络结构并重新计算，直到平均值高于预定阈值。

通过上述六步，可完成制造任务分解，得出符合需求的子任务模块。

2.8 基于人工蜂群算法的运输任务分解

2.8.1 人工蜂群算法原理

人工蜂群算法（artificial bee colony algorithm）是研究人员通过观察自然界蜜蜂种群的生活轨迹而研究出的一种算法。仿照蜂群的特点，让蜂群中各类蜜蜂各司其职，模拟自然界蜜蜂觅食流程。

按照自然界中蜂群分工的不同，全部蜜蜂可以被分为三种类型：雇佣蜂、跟随蜂（也称观察蜂）和侦查蜂。在人工蜂群算法中，三种不同分工的蜜蜂需要通过协作完成食物搜索，不同的蜜蜂数量会使完成目标的效果不相同。运行算法时，雇佣蜂和所发现的食物源数量相同，当发现一处食物源时，雇佣蜂会记录下与蜂巢的距离，将该点坐标储存下来，并返回蜂巢；在蜂巢附近活动的跟随蜂等待雇佣蜂带回食物源的信息，并且选择一只雇佣蜂接收其找到食物源的信息。在人工蜂群算法中，雇佣蜂寻找到的一个食物源代表某问题的一个解决方式。由于雇佣蜂数量不止一个且搜索范围足够，因此我们找到的解决方式也不止一个。每次跟随蜂对食物源的采集就是对问题解决方式的一次验证，但如果所采集的食物源存在问题，跟随蜂便会离开该食物源，并通知侦查蜂继续在附近搜索。为了更好地保证觅食效率，侦查蜂需占蜂巢里蜜蜂总数的 5%~20%。如果所采集的食物源合适，雇佣蜂就会停止分享信息，一个跟随蜂便会进行采集工作。至此，完成了对一个可能是最优解的信息的获取。

2.8.2 编码

编码是为了把现实情况转化为数学问题，通过理性的计算分析得出结论。本节利用人工蜂群算法理论解决运输资源方案选择问题，通过对食物源位置编码的方式，将数值取整生成集合 $x=\{x_i|x_i\in X, i=1,\cdots,N\}$，用来表示人工蜂群的运输方案。其中每个子集 $x_子=\{x_1,x_2,\cdots,x_m\}$ 表示每个蜜蜂对应的一个运输方案，x_m 表示蜜蜂的一个运输方案中第 m 个运输段任务所选择的资源编号，m 表示运输任务的数目。例如某子集 $x_子=\{2,6,4,8,5,2\}$，表示该子集整体任务共有 6 项子任务，第 1 项子任务为 2，说明其使用编号为 2 的资源进行运输，第 3 项子任务为 4，说明其使用编号为 4 的资源进行运输。

2.8.3 适应度函数与算法流程

构造适应度函数是优化过程中极其重要的步骤，该函数构造的目的是挑出最合理的资源配置方式。适应度取值大小代表了解决问题的能力强弱，取值较小说明接近最合适的解决方式，取值较大说明距离最合适的解决方式还很远。

云制造的资源问题本质上是寻求最合适的解决方式的问题。在实际制造过程中，有些要求控制成本，有些要求控制时间，还有些要求控制质量，由于需求不一样，这些方面互相掣肘，难以找出最合适的解决方式。因此可以将上述复杂问题转变为针对单一目标进行求解的适应度函数，建立单目标优化函数：

$$\min Y = w_1 \frac{T}{T_{\max}} + w_2 \frac{C}{C_{\max}} + w_3 \frac{Q_{\min}}{Q} + w_4 \frac{Tr_{\min}}{Tr} \quad (2\text{-}23)$$

式中，w_i是各个评价指标的权重因子，是基于层次分析法按照不同的用户要求得出的$T_{\max}$、$C_{\max}$、$Q_{\min}$、$Tr_{\min}$的权重值，$\sum_{i=1}^{n} w_i = 1$。在此种情况下执行算法，其各阶段如下：

(1) 雇佣蜂阶段

该阶段可以通过算法找出最合适的解决方式。雇佣蜂通过现有食物的信息，在附近按照一定公式来搜寻其他合适食物，若找到其他食物，自身会对两者进行比较，计算出适应度函数值：

$$x'_{id} = x_{id} + \varphi(x_{id} - x_{jd}) \quad (2\text{-}24)$$

通过比较自己寻找到的食物，选择最为优秀的那个，即数值最小的那个。通过循环不断地寻找计算比较，选出最优秀的那个食物，代表在生产制造过程中找出最合适的资源分配方案。

(2) 跟随蜂阶段

该阶段有跟随蜂和侦查蜂两种蜜蜂，跟随蜂会按照雇佣蜂反馈回来的信息进行随机挑选，该随机挑选的概率表达式为：

$$p_i = \frac{Y_i}{\sum_{i=1}^{N} Y_i} \quad (2\text{-}25)$$

式中，Y_i表示适应度的具体数值。当跟随蜂选中食物时，可以在该食物周边使用式(2-25)继续寻找新食物，进而优化资源分配方案。

(3) 侦查蜂阶段

该阶段侦查蜂开始计算每项食物是否更新，如果食物的未更新次数超出初始设定极限，那么就说明该函数已经是最优解了，侦查蜂开始继续寻找其他食物。

人工蜂群算法通过不断循环上述三个阶段，直到产生最合适的方案，储存结果，完成算法。综上所述，绘制出人工蜂群算法的总体流程如图2.4所示。

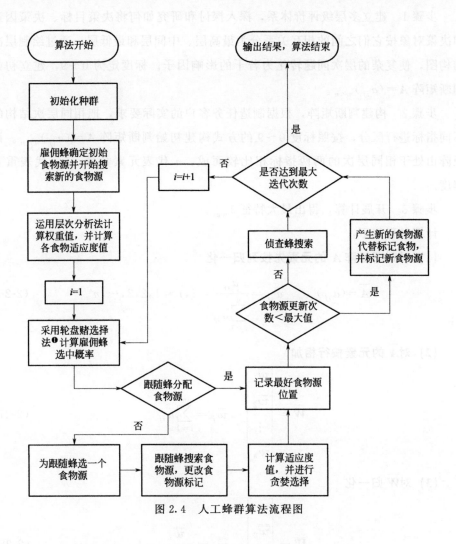

图 2.4 人工蜂群算法流程图

2.9 基于层次分析法的权重计算

层次分析法（analytic hierarchy process，AHP）是一种综合评价方法，即将目标、准则、能力等与决策相关的元素进行分层，并对每层元素进行定性和定量分析。该方法包含了众多研究人员的意见，有较强的主观意识。具体步骤如下。

---

❶ 轮盘赌选择法，又称比例选择法，其基本思想是各个个体被选中的概率与其适应度大小成正比。

步骤 1　建立多层级评价体系，深入探讨和研究如何将决策目标、决策因素和决策对象按它们之间的相互关系分为最高层、中间层和最低层，通过绘制层次结构图，使复杂的层次问题转化为若干的影响因子。标度定为 0～9，建立初始判断矩阵 $\boldsymbol{A}=(a_{ij})_{n\times n}$。

步骤 2　构建判断矩阵，根据制造任务客户的实际要求，把相同层次结构的不同指标进行区分，按照标度 0～9 的方式构建初始判断矩阵 $\boldsymbol{A}=(a_{ij})_{n\times n}$。该矩阵由处于相同层次的两两指标相比较而成，$n$ 代表元素数量，a_{ij} 代表重要程度。

步骤 3　开展计算，得出最大特征 $\lambda_{\max}$。

计算过程如下：

(1) 对判断矩阵 $\boldsymbol{A}$ 的元素先按列归一化

$$\overline{\boldsymbol{A}}=(\overline{a}_{ij})_{n\times n} \quad \overline{a}_{ij}=\frac{a_{ij}}{\sum_{i=1}^{n}a_{ij}} \quad i,j=1,2,3,\cdots,n \tag{2-26}$$

(2) 对 $\overline{\boldsymbol{A}}$ 的元素按行相加

$$\overline{\boldsymbol{W}}=\begin{bmatrix}\overline{w}_1\\ \overline{w}_2\\ \vdots\\ \overline{w}_n\end{bmatrix} \quad \overline{w}_i=\sum_{i=1}^{n}\overline{a}_{ij} \tag{2-27}$$

(3) 对 $\overline{\boldsymbol{W}}$ 归一化

$$\overline{\boldsymbol{W}}=\begin{bmatrix}\overline{\overline{w}}_1\\ \overline{\overline{w}}_2\\ \vdots\\ \overline{\overline{w}}_n\end{bmatrix} \quad \overline{\overline{w}}_i=\frac{\overline{w}_i}{\sum_{i=1}^{n}\overline{w}_i} \tag{2-28}$$

通过步骤 (1)～(3) 算出了各项指标的大小，但该指标未被验证，因此对其进行一致性检验。

(4) 一致性检验

① 计算出最大特征根 $\lambda_{\max}$：

$$\lambda_{\max}=\frac{\sum_{i=1}^{n}\left(\sum_{j=1}^{n}\frac{a_{ij}w_j}{w_i}\right)}{n} \tag{2-29}$$

② 计算一致性指标 CI：

$$CI = \frac{\lambda_{\max} - n}{n-1} \tag{2-30}$$

③ 查找对应的一致性指标 RI，如表 2-1 所示。

表 2-1 平均随机指标 RI

| RI | 0.00 | 0.58 | 0.90 | 1.12 | 1.24 | 1.32 | 1.41 | 1.46 | 1.49 |

④ 计算一致性比例 CR：

$$CR = \frac{CI}{RI} \tag{2-31}$$

当 $CR<0.1$ 时，为显著水平，即建立的矩阵较合理，当 $CR \geqslant 0.1$ 时，需要对矩阵进行优化。

2.10 实例仿真分析

为了验证云制造环境下任务分解方法的可行性，以车间智能生产线为例，运用本章提出的分解方法对该任务进行分解。车间智能生产线主要由搬运机器人、焊接机器人、取料机器人、切割机器人和喷涂机器人等组成。由于该任务比较复杂且涉及电控系统、传动系统以及外形设计等诸多方面，所以它需要通过云平台资源池中多种资源协同完成。本节将依次按照设计、制造、运输和维护四个阶段进行任务分解仿真。

2.10.1 设计任务仿真

以车间智能制造为对象，研究在云制造平台下的设计应用。首先根据智能制造中工业机器人的结构与功能，将智能生产线的总设计任务 A 分解成执行机构设计任务 B、传动机构设计任务 C、控制机构设计任务 D。通过对其进行满意度测评，可得 B、C、D 任务还可以继续分解。执行机构设计任务 B 可继续分解为基座设计任务 E、腰结构设计任务 F、下臂结构设计任务 G、上臂结构设计任务 H、腕结构设计任务 I、末端执行结构设计任务 J。传动机构设计任务 C 可继续分解为 S 轴传动设计任务 K、L 轴传动设计任务 L、U 轴传动设计任务 M、R 轴传动设计任务 N、B 轴传动设计任务 O、T 轴传动设计任务 P。控制机构设计任务 D 可继续分解为硬件控制系统设计任务 Q、软件系统设计任务 V。分别达到满意度要求时，任务无需继续分解。其任务树结构如图 2.5 所示。

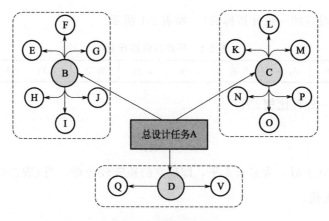

图 2.5 任务树结构图

在参与的设计中，子任务 E、F、G、H、I、J、K、L、M、N、O、P、Q 和 V 之间相互存在关联，依照它们之间的关联权重系数建立数值结构矩阵 X，之后取 $\lambda=0.35$ 获得布尔矩阵 Y 为：

$$Y = \begin{bmatrix} 0 & 1 & 0 & 0 & 0 & 0 & 1 & 0 & 0 & 0 & 0 & 0 & 0 & 0 \\ 1 & 0 & 0 & 0 & 0 & 0 & 0 & 0 & 0 & 0 & 0 & 0 & 0 & 0 \\ 0 & 0 & 1 & 0 & 0 & 0 & 1 & 1 & 0 & 0 & 0 & 0 & 0 & 0 \\ 0 & 0 & 1 & 0 & 0 & 0 & 1 & 1 & 0 & 0 & 0 & 0 & 0 & 0 \\ 0 & 0 & 0 & 0 & 1 & 0 & 0 & 0 & 1 & 1 & 1 & 0 & 0 & 0 \\ 0 & 0 & 0 & 0 & 1 & 0 & 0 & 0 & 0 & 1 & 1 & 1 & 0 & 0 \\ 1 & 0 & 0 & 0 & 0 & 0 & 0 & 0 & 0 & 0 & 0 & 0 & 0 & 0 \\ 0 & 0 & 1 & 1 & 0 & 0 & 0 & 0 & 0 & 0 & 0 & 0 & 0 & 0 \\ 0 & 0 & 1 & 1 & 0 & 0 & 1 & 0 & 0 & 0 & 0 & 0 & 0 & 0 \\ 0 & 0 & 0 & 0 & 1 & 1 & 0 & 0 & 0 & 0 & 1 & 1 & 0 & 0 \\ 0 & 0 & 0 & 0 & 1 & 1 & 0 & 0 & 0 & 1 & 0 & 1 & 0 & 0 \\ 0 & 0 & 0 & 0 & 1 & 1 & 0 & 0 & 0 & 1 & 1 & 0 & 0 & 0 \\ 0 & 0 & 0 & 0 & 0 & 0 & 0 & 0 & 0 & 0 & 0 & 0 & 0 & 0 \\ 0 & 0 & 0 & 0 & 0 & 0 & 0 & 0 & 0 & 0 & 0 & 0 & 0 & 0 \end{bmatrix} \quad (2\text{-}32)$$

有向图中的各顶点 V_i 表示其对应的子任务，根据上述耦合任务集的求解方法，可以以 Y 中的顶点 V_1 为出发点，通过深度优化算法依次输出具有满足关联性条件的顶点集合。最终，通过 Matlab 编写的深度优化算法得出划分结果：(E、F、K)(G、H、L、M)(I、J、N、O、P)(Q)(V)。

2.10.2 制造任务仿真

通过对车间智能生产线的设计仿真，得到完整的设计任务分解方案，然后以设计方案为基础对制造任务分解进行仿真。首先，借助 BOM 库寻找与产品功能结构同类的产品，同时利用 WBS 对其进行分解得到 42 个元任务，其基本信息如表 2-2 所示。

表 2-2 元任务信息表

任务编号	任务名称	任务编号	任务名称	任务编号	任务名称
1	焊接机器人的基座	15	搬运机器人的控制系统	29	切割机器人的驱动系统
2	焊接机器人的关节	16	取料机器人的基座	30	喷涂机器人的基座
3	焊接机器人的肩部	17	取料机器人的腰体	31	喷涂机器人的腰体
4	焊接机器人的大臂	18	取料机器人的上臂	32	喷涂机器人的上臂
5	焊接机器人的肘部	19	取料机器人的下臂	33	喷涂机器人的下臂
6	焊接机器人的小臂	20	取料机器人的手腕	34	喷涂机器人的手腕
7	焊接机器人的手腕	21	取料机器人的执行结构	35	喷涂机器人的执行机构
8	焊接机器人的末端执行机构	22	取料机器人的驱动系统	36	喷涂机器人的驱动系统
9	焊接机器人的驱动系统	23	切割机器人的基座	37	焊接机器人的装配
10	搬运机器人的基座	24	切割机器人的腰体	38	搬运机器人的装配
11	搬运机器人的腰体	25	切割机器人的上臂	39	取料机器人的装配
12	搬运机器人全臂	26	切割机器人的下臂	40	切割机器人的装配
13	搬运机器人的手腕	27	切割机器人的手腕	41	喷涂机器人的装配
14	搬运机器人的执行机构	28	切割机器人的执行机构	42	总装配检测

按照快速模块化算法，参考产品库中同类产品制造时任务的执行次序，依据"高内聚，低耦合"的原则对元任务进行相应的优化。通过专家评测法确立元任务间的信息流通关系，同时使用加权网络来表示各个元任务之间的任务关联关系，并建立邻接矩阵 W，生成有向图如图 2.6 所示。

首先，根据建立的邻接矩阵生成模块图，同时计算原始结构的模块度。将每

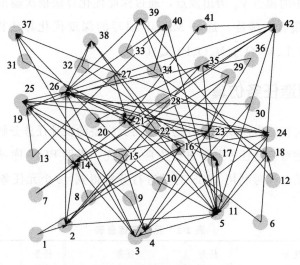

图 2.6 元任务有向图

个元任务看作一个独立的模块,将任意两个模块聚合,然后计算聚合后的模块度,比较模块度的大小变化,选取其中增幅最大的聚合方式继续执行。利用 Matlab 不断执行以上过程,经过多次计算最终确定当模块度不再增长时为最佳的聚合状态,得到元任务聚合后的有向图,如图 2.7 所示。

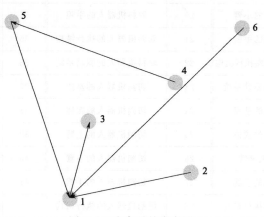

图 2.7 聚合后的有向图

对产品资源库中同类任务分解粒度进行比对,将资源库中同类普遍任务粒度作为该任务粒度度量的阈值,这里取值为 0.5832。求取子任务聚合结果中的各个子任务的平均粒度模块值,把该平均值作为制造任务整体的粒度度量,与阈值进行比较。

$$\tau = \frac{\sum_{i=1}^{N}\tau_i}{N} = 0.6147 > 0.5832 \tag{2-33}$$

任务分解聚合粒度值符合阈值范围，则说明此次聚合结果达到了同类任务分解粒度的正常水平，分解结果视为有效。通过分析可以看出有向图内的分割点之间的任务关联度都较低，说明该点为任务间耦合的薄弱点，证明了分解结果的合理性。

2.10.3 运输任务仿真

云平台根据 2.10.2 节的结果，以分解由 6 个子任务组成的运输任务为例，用人工蜂群算法对运输任务分解仿真。用户可以根据需求设置具体参数值，这里设置最大迭代次数为 100，雇佣蜂和观察蜂数量都设置为 20，$limit$ 设置为 50，T_{max} 设置为 560，C_{max} 设置为 450，Q_{min} 设置为 80，Tr_{min} 设置为 40。采用运输阶段构建的多目标适应度函数，将相应数值代入算法。鉴于实际加工生产要求的考虑，将运输成本、运输质量和运输时间依次作为主要考虑指标，将运输能力作为次要指标。由于云制造环境下存在多种多样的制造资源，所以需要综合用户主观要求。根据用户要求的 3 个侧重点，运用层次分析法对综合评价指标分别求取权重值。第一种情况，运输成本最重要，运输时间次之，运输质量比运输能力重要，即（$C>T>Q>Tr$）。第二种情况，运输质量最重要，运输时间次之，运输成本比运输能力重要，即（$Q>T>C>Tr$）。第三种情况，运输时间最重要，运输成本次之，运输质量比运输能力重要，即（$T>C>Q>Tr$）。

当运输时间最重要（$T>C>Q>Tr$）时，运用层次分析法构造判断矩阵 $Z=(a_{ij})_{n \times n}$，如表 2-3。

表 2-3 目标层判断矩阵 Z 各元素

参数	T	C	Q	Tr
T	1	3	3	7
C	1/3	1	2	5
Q	1/3	1/2	1	3
Tr	1/7	1/5	1/3	1

根据层次分析法计算权重的公式得到各指标权重 ω_i 为：

0.532288   0.253756   0.155798   0.058158

ω_i 为云制造环境下的各种制造资源的指标权重因子，但是此权重因子还需要进行一致性检验方能最终确定：

$$\lambda_{\max} = 4.07309097 \tag{2-34}$$

根据式(2-30)计算一致性指标得：

$$CI = 0.0243637 \tag{2-35}$$

通过查找平均随机一致性指标，结合式(2-36)计算得 CR 及表 2-4：

$$CR = 0.02707073 < 0.1 \tag{2-36}$$

表 2-4 运输时间为主权重

运输时间	运输成本	运输质量	运输能力
0.532288	0.253756	0.155798	0.058158

同理，分别得出第一种情况（$C>T>Q>Tr$）的结果如表 2-5 所示，第二种情况（$Q>T>C>Tr$）的结果如表 2-6 所示。

表 2-5 运输成本为主权重

运输成本	运输时间	运输质量	运输能力
0.555497	0.245879	0.141360	0.057264

表 2-6 运输质量为主权重

运输质量	运输时间	运输成本	运输能力
0.497780	0.303829	0.132093	0.066298

通过人工蜂群算法对上述三种情况进行计算，分别得到收敛图，如图 2.8～

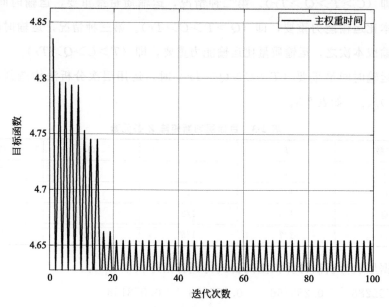

图 2.8 运输时间为主权重的收敛图

图 2.10 所示。

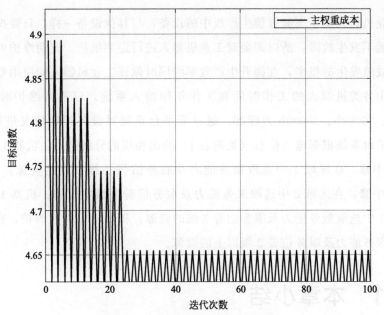

图 2.9 运输成本为主权重的收敛图

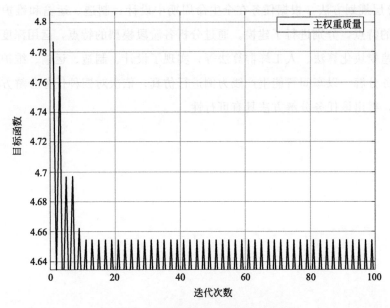

图 2.10 运输质量为主权重的收敛图

2.10.4 维护任务仿真

工业机器人属于车间智能生产线中的设备,与其他设备一样,只要投入生产就不可能不发生故障,所以需要对工业机器人进行定期维护。定期维护可以有效地降低故障发生的概率,在提升生产效率的同时保证工业机器人的使用寿命。将生产线中各类机器人的工作时间和工作年限输入系统,以通常维护时间节点10000h、20000h、30000h 为标准,通过云平台系统对设备损耗情况进行评估。最后,平台系统根据输入信息(见附表1)给出相应的分解结果:机器 1、2、5、16、19 小修,在区域 1 中选取服务能力及服务信誉 2 级以上的资源;机器 3、10、17 中修,在区域 2 中选取服务能力及服务信誉 3 级的资源;机器 11 大修,在区域 1 中选取服务能力及服务信誉 3 级的资源;机器 4 针对性维护,在区域 2 中选取服务能力及服务信誉 2 级以上的资源。

2.11 本章小结

本章主要对任务结构进行阐述,分析了云制造环境下任务的特点。利用 HTN 分层规划方法,根据任务在全生命周期中设计、制造、运输和维护四个阶段不同的特点,分别进行了建模。通过分析各阶段模型的特点,运用深度优化算法、快速模块化算法、人工蜂群算法等,实现了设计、制造、运输、维护四个阶段的任务分解。以车间智能生产线为例进行仿真,依次对四种任务分解方法进行了验证,得出该任务分解方法具有可行性。

第3章

云制造资源智能优化匹配建模与仿真

制造资源匹配是以云平台现有制造资源为基础，以用户对制造任务的需求为驱动，把云平台中最符合制造任务加工要求的制造资源搜索出来，组成制造资源组合链，为用户提供制造加工服务，从而完成资源合理配置的过程。实现制造资源匹配，不仅需要建立科学、合理的数学模型，而且需要根据模型和匹配问题找到合适的智能优化算法，最终得到用户需要的制造资源。制造资源匹配过程中，制造资源的海量性和任务的复杂性会导致制造资源匹配组合方案具有多变性和随机性的特点。人工蜂群算法控制参数少，鲁棒性强，适合求解组合优化问题，其特有的侦查蜂阶段可以较好地避免陷入局部最优，最终可实现全局搜索最优过程。基于以上匹配过程中的问题和算法的优势，本章采用人工蜂群算法对模型进行求解，提出一种基于人工蜂群理论的制造资源优化匹配方法，并对该方法进行验证。

3.1 制造资源的智能优化匹配问题描述

云制造环境下制造资源智能匹配问题的实质是进入云平台的用户对制造资源需求本体同云平台现有制造资源的描述本体进行搜索比较，从而找到满足加工要求的制造资源。面对当今制造任务需求多样化、复杂化的现状，单一制造资源难以满足用户对制造任务的需求，虽然制造资源的选择空间在不断扩大，通过制造资源组合的方式共同完成制造任务的方案也越来越多，但制造资源空间分布不一,导致难以实现跨区域的制造资源合理配置。打破地理空间的限制,实现云平台下制造资源集成共享,不仅可以更好地缩短制造任务完成时间,简化加工制造流程,而且对减少社会资源浪费,提高资源利用率和企业效益有着非常重大的意义。因此,在云平台海量的制造资源中,如何选择最优质的制造资源满足用户的加工需求,是一个亟待解决的问题。

按照云环境下制造资源的地域性和层次性等特征,建立制造资源组合链,以解决制造任务与制造资源的匹配问题。云环境下制造资源组合链是以用户提交的制造任务需求为依据的,在云资源池中不断组合选择,最终形成复杂的具有一定时序关系的制造资源网络。如图 3.1 所示,在制造资源组合链中,以子任务

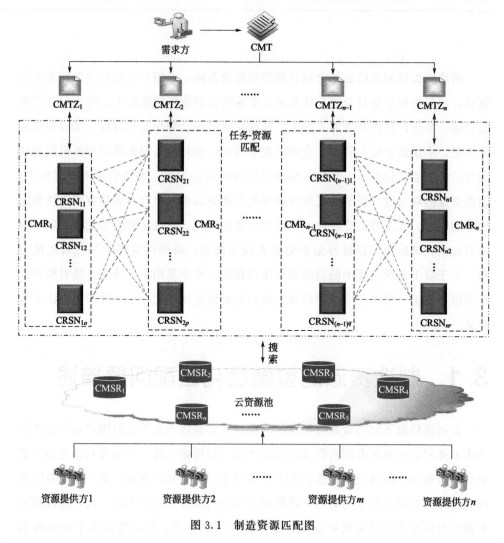

图 3.1 制造资源匹配图

$CMTZ_i(i=1,2,\cdots,n)$ 为驱动，打破了制造资源的空间限制，体现了云环境下制造资源提供方之间的各类制造资源 $CRSN_{ij}$ 的共享合作。$CMTZ_i(i=1,2,\cdots,n)$ 是云平台按照一定的分解方式将用户提交的任务需求分解产生的，并需要各类制造资源通过组合共享的方式完成的具有一定时序关系的子任务序列。$CMR_i(i=1,2,\cdots,n)$ 是可加工子任务 $CMTZ_i$ 的制造资源集合，即候选资源集合。$CRSN_{ij}$ $(i=1,2,\cdots,n;j=1,2,\cdots,m)$ 是可加工子任务 $CMTZ_i$ 的候选资源集合中第 j 个制造资源。不同子任务的制造资源空间位置分布可能不同，会导致各制造资源因物流运输而产生额外的物流成本和物流时间。

3.2 云环境下制造资源分类

云制造资源是指产品生产制造全生命周期中涉及的一系列物理要素和资源的总和。制造资源不仅是云平台服务系统中最基本的调用单位，更是制造资源调度及管理中最基础的元素。制造资源的分类对云平台服务系统中资源定位、匹配、虚拟化构建以及信息反馈有着决定性作用，因此，准确合理地对制造资源进行分类汇总，对制造任务与制造资源匹配具有重要意义。随着信息技术和互联网技术的迅速发展，制造资源的范畴已经有了新的定义和内涵。制造资源分类的依据和方法不同，得到的制造资源分类结果也不相同，但本质上还存在共性。根据制造资源异构性、动态性、协同性和容错性等特点，总结不同学者对制造资源的分类，如表 3-1 所示。

表 3-1 制造资源分类

学者	制造资源分类
张霖	计算机资源、装备资源、物料资源、软件资源、数据资源、人力资源
王正成	装备类、物料类、数据类、人才类、技术类、服务管理类、软件类
姚锡凡	计算机资源、技术资源、人力资源、流程管理资源、服务资源、其他资源
杨柳	人力资源、应用资源、用户信息资源、服务资源、计算资源、其他资源
任磊	加工设备资源、加工数据资源、软件资源、相关知识资源、加工物料资源
王国庆	物料资源、服务资源、市场资源、设计与技术资源、其他资源
刘强	硬件资源、智力资源、信息资源、计算资源、软件资源
屈喜龙	装备资源、特种资源、计算机资源、人力资源、服务资源、其他资源
潘晓辉	硬件资源、软件资源、人力资源、技术资源、信息资源

通过汇总大量学者对制造资源分类的研究成果不难看出，总体上分类结果相同，只存在个别差异，制造资源主要是由加工设备、物料资源、人力资源、软件资源等组成。为了更好地对制造资源进行精准定位，实现制造资源的合理配置，在总结大量学者的研究成果基础上，本章将制造资源分为硬制资源和软制资源，硬制资源主要由物料资源、设备资源、硬件资源这些现实制造资源组成；软制资源主要由知识资源、人力资源、软件资源这些虚拟制造资源组成。图 3.2 所示为云环境下制造资源分类。

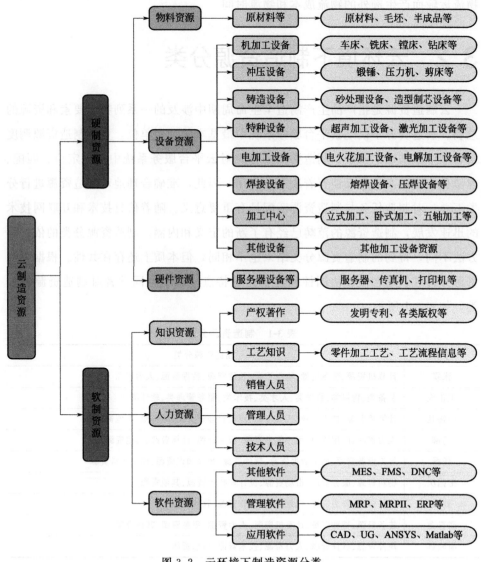

图 3.2　云环境下制造资源分类

3.3 制造资源匹配评价指标体系

制造任务与制造资源的匹配问题，简单来说是在一个拥有众多制造资源的云资源池中，为制造任务寻找最符合加工要求的制造资源。这些具备制造加工能力的制造资源，将实际的制造能力、制造要求和生产情况等制造相关信息发布到云平台中，为制造任务与制造资源的合理匹配提供便利的前提。制造资源的多样性和异构性等会导致制造资源匹配的评价指标较多，同时制造资源属性的不同会导致其评价指标之间的差异性较大，基于全面性、普遍性和典型性等制造资源匹配指标选取原则，本节总结了当前资源匹配研究方向主流评价指标，如表 3-2 所示。

表 3-2 资源匹配评价指标

学者	评价指标
Yan K	服务质量、交易时间、交易金额、地理位置、交易数量
尹超	时间、质量、成本、可信任性、可维护性、可持续性、可组合性、可用性
苏凯凯	时间、质量、成本
王时龙	时间、质量、成本
Zhou Z	资源质量、网络质量
Li C	时间、经济、质量、服务态度、业务规模、物流能力
汪勇	时间、成本
刘建胜	环境、经济、人机、质量

综合表 3-2 中众多学者在制造资源匹配研究方向的指标选取情况，选出加工时间、加工质量、加工成本三个网络化制造模式中涉及的最基本指标，并且在通过数据可直观反映用户较为关心指标的基础上，根据用户对制造资源的异地性和实际需求性，参照相关资料中提到的资源可信赖概念提出资源可靠性指标，参照文献资料中提到的可持续性概念提出资源可恢复性指标，共同构建制造资源优化匹配指标体系，如图 3.3 所示。

加工时间 T 是云平台为满足用户加工需求从准备开始到完成制造任务所花费的各类时间的总和。加工时间 T 主要由实际加工时间 T_1、物流时间 T_2、等待时间 T_3 和处理时间 T_4 组成。

实际加工时间 T_1：制造资源实际加工工件的完成时间。实际加工时间由资

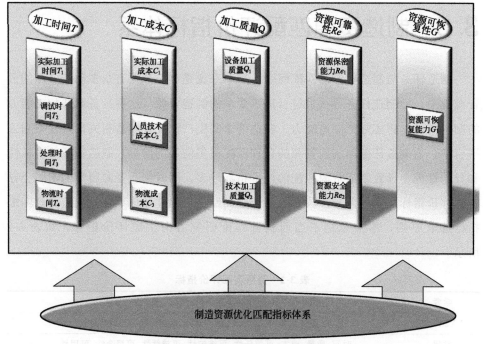

图 3.3 制造资源优化匹配指标体系

源提供方根据历史加工时间和加工经验判断,给出实际加工时间值。

调试时间 T_2:软件和人力等软制资源为执行任务统一调配和调试的时间。调试时间由资源提供方根据历史资源调用的时间判断,给出具体等待时间值。

处理时间 T_3:软件和人力等软制资源执行任务花费的时间。处理时间由资源提供方根据历史资源完成时间判断,给出具体处理时间值。

物流时间 T_4:实际工件或物料的运输时间。物流时间由资源提供方根据工件、物料的地理位置和历史经验判断,给出物流时间值。

加工成本 C 是云平台为用户提供满足要求的资源服务后,用户需支付平台的总费用。加工成本 C 主要由实际加工成本 C_1、人员技术成本 C_2、物流成本 C_3 组成。

实际加工成本 C_1:设备资源实际加工工件的加工费用。实际加工成本由资源提供方根据历史加工费用和加工经验判断,给出具体实际加工成本值。

人员技术成本 C_2:技术人员或专家等人力资源直接或间接指导、参与设计、加工过程所支付的费用成本。人员技术成本由资源提供方根据历史人员技术费用和经验判断,给出具体人员技术成本值。

物流成本 C_3：工件或物料因物流过程而产生的相关运输费用。物流成本由资源提供方根据工件或物料具体地理位置和历史运输经验判断，给出具体物流成本值。

加工质量 Q 是云平台为用户提供制造资源满足用户需求的程度。加工质量 Q 主要由设备加工质量 Q_1 和技术加工质量 Q_2 组成。

设备加工质量 Q_1：设备资源加工工件的工艺能力。由资源提供方根据具体加工工件的难易程度和设备资源自身的加工能力判断，给出具体设备加工质量值。

技术加工质量 Q_2：人力、技术及知识等资源完成指导或参与加工过程的执行效率和效果。由资源提供方根据具体指导或参与加工过程的难易程度和历史完成效果判断，给出具体技术加工质量值。

资源可靠性 Re 是用户判定获得制造服务资源安全性、可信任性的重要标准。资源可靠性 Re 主要由资源保密能力 Re_1 和资源安全能力 Re_2 组成。

资源保密能力 Re_1：制造资源为用户服务过程中对用户相关信息保密的能力。由获取制造服务的用户根据加工任务的机密程度和加工效果，给出制造资源保密能力指标评价等级。

资源安全能力 Re_2：制造资源在为用户服务的过程中保证工作人员及加工设备生产安全的能力。由获取制造服务的用户根据加工任务操作的危险程度和服务效果，给出制造资源安全能力评价等级。

资源可恢复性 G 是云平台为用户提供服务时，资源在某些特殊情况下停止工作之后，又能迅速恢复正常工作状态的能力。资源可恢复性主要由资源可恢复能力 G_1 组成，其具体数值计算公式为

$$G_1 = \frac{P}{n_G} \tag{3-1}$$

式中，P 表示目前为止制造资源服务过程中停止又恢复工作状态的次数；n_G 表示制造资源服务过程中出现意外情况停止工作的次数。

3.4 云环境下制造资源智能优化匹配模型

云制造的目的是将产品制造全生命周期中所涉及的制造资源以服务的方式提供给用户，及时响应用户对制造资源的需求，提高云平台中闲置资源的利用效

率，以节约社会资源，为企业创造更多的价值。云环境下制造资源优化匹配过程的实质是以用户需求为驱动，将各类空间分布的制造资源通过组合的方式为制造任务提供服务。但现实中无论是用户提交云平台的制造任务，还是云平台中现有的制造资源具体空间分布，都是复杂多变的，很难通过数学建模进行规范的描述。因此，以云环境下制造资源智能优化匹配实质为参考，提出以下假设：

① 云平台已经根据制造任务分解的相应方法，将用户提交给云平台的制造任务分解为多个具有一定时序关系的子任务，且每个子任务都存在与之对应的候选资源集合。

② 由于云环境下制造资源优化匹配存在现实的物流运输问题，因此具体分析问题时，必须充分考虑地域空间分布的制造资源在实际制造服务中的物流运输对时间和成本的影响。

综合以上考虑，制造资源优化匹配不仅需要考虑单个制造资源相对于子任务的重要性，更要从制造资源组合的角度出发，考虑所有制造资源相对于制造任务整体的重要性。为研究所有可行的制造资源组合方式，本节建立多目标优化函数，求解最优制造资源组合，以满足用户的加工需求。

3.4.1 优化目标函数

(1) 加工时间目标函数

根据制造任务要求对候选资源集合中的制造资源进行搜索匹配，制造资源优化匹配的加工时间函数为：

$$T = \sum_{i=1}^{n} \left[\sum_{j=1}^{m_i} x_{ij} T(ij) \right] + \sum_{i=1}^{n-1} \left[\sum_{j=1}^{m_i} \sum_{k=1}^{m_{i+1}} x_{ij} x_{(i+1)k} \mu T_4(ij,(i+1)k) \right] \quad (3\text{-}2)$$

$$x_{ij} = \begin{cases} 1 & \text{CMTZ}_i \text{ 由对应候选资源集合中第} j \text{ 个候选资源加工} \\ 0 & \text{否则} \end{cases}$$

$$x_{(i+1)k} = \begin{cases} 1 & \text{CMTZ}_{i+1} \text{ 由对应候选资源集合中第} k \text{ 个候选资源加工} \\ 0 & \text{否则} \end{cases}$$

$$\mu = \begin{cases} 1 & \text{CRSN}_{ij} \text{ 和 CRSN}_{(i+1)k} \text{ 之间存在物流时间} \\ 0 & \text{否则} \end{cases}$$

其中，$T(ij)$ 表示在第 i 个候选资源集合中的第 j 个候选资源加工对应任务

的实际加工时间 T_1、调试时间 T_2 和处理时间 T_3 之和；$T_4(ij,(i+1)k)$ 表示第 i 个候选资源集合中的第 j 个候选资源同第 $(i+1)$ 个候选资源集合中的第 k 个候选资源间存在的物流运输时间；n 表示候选资源集合的数量；m_i 和 m_{i+1} 分别表示第 i 个和第 $(i+1)$ 个候选资源集合中候选资源的数量。

(2) 加工质量目标函数

根据制造任务要求对候选资源集合中制造资源进行搜索匹配，因此制造资源优化匹配的加工质量函数为：

$$Q = \frac{\sum_{i=1}^{n}\sum_{j=1}^{m_i} x_{ij} Q(ij)}{n} \tag{3-3}$$

$$x_{ij} = \begin{cases} 1 & \text{CMTZ}_i \text{ 由对应候选资源集合中的第 } j \text{ 个候选资源加工} \\ 0 & \text{否则} \end{cases}$$

其中，$Q(ij)$ 表示在第 i 个候选资源集合中的第 j 个候选资源完成与候选资源集合对应的任务的设备加工质量 Q_1 和技术加工质量 Q_2 之和。n 表示候选资源集合的数量。

(3) 加工成本目标函数

根据制造任务要求对候选资源集合中制造资源进行搜索匹配，因此制造资源优化匹配的加工成本函数为：

$$C = \sum_{i=1}^{n}\left[\sum_{j=1}^{m_i} x_{ij} C(ij)\right] + \sum_{i=1}^{n}\left[\sum_{j=1}^{m_i}\sum_{k=1}^{m_{i+1}} x_{ij} x_{(i+1)k} \mu C_3(ij,(i+1)k)\right] \tag{3-4}$$

$$x_{ij} = \begin{cases} 1 & \text{CMTZ}_i \text{ 由对应候选资源集合中的第 } j \text{ 个候选资源加工} \\ 0 & \text{否则} \end{cases}$$

$$x_{(i+1)k} = \begin{cases} 1 & \text{CMTZ}_{i+1} \text{ 由对应候选资源集合中的第 } k \text{ 个候选资源加工} \\ 0 & \text{否则} \end{cases}$$

$$\mu = \begin{cases} 1 & \text{CRSN}_{ij} \text{ 和 CRSN}_{(i+1)k} \text{ 之间存在物流成本} \\ 0 & \text{否则} \end{cases}$$

其中，$C(ij)$ 表示在第 i 个候选资源集合中的第 j 个候选资源加工对应任务的设备加工成本 C_1 和人员技术成本 C_2 之和；$C_3(ij,(i+1)k)$ 表示第 i 个候选资源集合中的第 j 个候选资源同第 $(i+1)$ 个候选资源集合中的第 k 个候选资源间存在的物流运输成本。

(4) 资源可靠性目标函数

根据制造任务要求对候选资源集合中的制造资源进行搜索匹配,制造资源优化匹配的资源可靠性函数为:

$$Re = \frac{\sum_{i=1}^{n}\left[\sum_{j=1}^{m_i}x_{ij}Re(ij)\right]}{n} \tag{3-5}$$

$$x_{ij}=\begin{cases}1 & \text{CMTZ}_i \text{ 由对应候选资源集合中的第 } j \text{ 个候选资源加工}\\ 0 & \text{否则}\end{cases}$$

式中,$Re(ij)$ 表示在第 i 个候选资源集合中的第 j 个候选资源的资源保密能力 Re_1 和资源安全能力 Re_2 之和;n 表示候选资源集合的数量。

(5) 资源可恢复性目标函数

根据制造任务要求对候选资源集合中制造资源进行搜索匹配,制造资源优化匹配的资源可恢复性函数为:

$$G = \frac{\sum_{i=1}^{n}\left[\sum_{j=1}^{m_i}x_{ij}G_1(ij)\right]}{n} \tag{3-6}$$

$$x_{ij}=\begin{cases}1 & \text{CMTZ}_i \text{ 由对应候选资源集合中的第 } j \text{ 个候选资源加工}\\ 0 & \text{否则}\end{cases}$$

式中,$G_1(ij)$ 表示在第 i 个候选资源集合中的第 j 个候选资源的资源可恢复能力;n 表示候选资源集合的数量。

综上所述,根据线性加权求和的方式,将以时间最短、成本最低、质量最高、可靠性最好、可恢复性最大为原则的多目标问题转化为单目标问题,考虑到是单目标优化函数求取最小值的问题,质量、可靠性和可恢复性是正向属性,建立单目标优化函数:

$$\min Y = w_1\frac{T}{T_{\max}} + w_2\frac{C}{C_{\max}} + w_3\frac{Q_{\min}}{Q} + w_4\frac{Re_{\min}}{Re} + w_5\frac{G_{\min}}{G} \tag{3-7}$$

式中,$\sum_{i=1}^{5}w_i=1$ 是各个评价指标的权重因子;$T_{\max}$、$C_{\max}$、$Q_{\min}$、$Re_{\min}$、$G_{\min}$ 分别表示用户规定的最大交货期、最大支付成本、最小加工质量、最低资源可靠性、最低资源可恢复性。

3.4.2 约束条件

(1) 加工时间约束

云环境下制造任务相匹配的制造资源完成任务的交货期不能晚于用户规定的

最大交货期 $T_{\max}$，即

$$T_{\max} \geqslant T \tag{3-8}$$

(2) 加工质量约束

云环境下制造任务相匹配的制造资源完成任务的加工质量平均值不能小于用户规定的最小质量值 $Q_{\min}$，即

$$Q_{\min} \leqslant Q \tag{3-9}$$

(3) 加工成本约束

云环境下制造任务相匹配的制造资源完成任务的成本不能高于用户规定的最大支付成本 $C_{\max}$，即

$$C_{\max} \geqslant C \tag{3-10}$$

(4) 资源可靠性约束

云环境下制造任务相匹配的制造资源完成任务的资源可靠性平均值不能低于用户规定的资源可靠性最低值 $Re_{\min}$，即

$$Re_{\min} \leqslant Re \tag{3-11}$$

(5) 资源恢复性约束

云环境下制造任务相匹配的制造资源完成任务的资源可恢复性平均值不能低于用户规定的资源可恢复性最低值 $G_{\min}$，即

$$G_{\min} \leqslant G \tag{3-12}$$

(6) 其他约束

云环境下完成子任务 CMTZ_i 的候选制造资源的长度只能为 1，即只能在每个候选资源集合中选择一个对应的制造资源。

$$\varphi_{ij} = 1 (i = 1, 2, \cdots, n; j = 1, 2, \cdots, m_i) \tag{3-13}$$

3.5 基于层次分析法的权重计算

层次分析法是美国运筹学家匹茨堡大学教授 T. L. Saaty 于 20 世纪 70 年代

初,在为美国国防部研究相关课题时,基于网络系统理论和多目标综合评价方法,提出的一种新的系统性、层次性的权重决策主观分析方法。

3.5.1 层次分析法计算权重步骤

(1) 建立多层级评价结构

经过对综合对象评价的深入研究和探讨,发现需要对综合评价对象建立合理的层级结构。通过层次化的结构把复杂问题层次化为若干因素的组成部分。层次分析法的一般层级结构包括顶层、中间层和底层,上一层级结构的因素对下一层级结构的因素具有较强的影响。

(2) 构建两两判断矩阵

在建立完整的指标评价结构后,发现相同层次结构的不同指标间的重视程度还没确定。由于受到市场波动等外界因素的干扰,制造任务的不同指标在用户加工意愿中所受重视程度不一定相同。为了更加科学、全面地研究各指标在用户加工意愿中的重视程度,引入两两比较判断矩阵(1~9 标度成对比矩阵),较所有指标共同进行比较的方法而言,该方法能在量化各指标的基础上表达用户最真实的加工要求。判断矩阵元素标度表如表 3-3 所示。

表 3-3 判断矩阵元素标度表

标度	定义
1	i 元素和 j 元素一样重要
3	i 元素比 j 元素略微重要一些
5	i 元素比 j 元素较为重要一些
7	i 元素比 j 元素明显重要一些
9	i 元素比 j 元素极其重要一些
2,4,6,8	为以上判断标准的中间状态

构造 n 阶两两判断矩阵,其中 $\boldsymbol{A} = (a_{ij})_{n \times n}$ 为同一层次两两指标比较组成的矩阵,n 是元素的数量,a_{ij} 是 i 和 j 相比于上一层的重要程度之比,这里规定 $a_{ij} = 1/a_{ji}$。

(3) 计算特征向量和指标权重

按照 AHP 法构造判断矩阵 A，然后利用式(2-26)~式(2-28)求得各指标权重的大小，但这个权重不一定是有效的、合理的，需要对其进行检验，检验矩阵的一致性。

(4) 一致性检验

利用式(2-29)和式(2-30)计算最大特征根 λ_{max} 和一致性指标 CI。查找对应的一致性指标 RI，如表 3-4 所示。最后根据式(2-31)计算一致性比例 CR。

当 $CR < 0.1$ 时，表示保持显著水平，对比矩阵是保持一致性的，即所构造的两两比较矩阵合理。当 $CR \geq 0.1$ 时，需对判断矩阵进一步改正，至此层次分析法求权重结束。

表 3-4 平均随机一致性指标 RI

n	1	2	3	4	5	6	7	8	9	10	11
RI	0	0	0.58	0.9	1.12	1.24	1.32	1.41	1.45	1.49	1.51

3.5.2 权重计算

基于上述 AHP 法求取评价指标权重的原理及方法步骤，综合评价指标分别为加工成本 C、加工时间 T、加工质量 Q、资源可靠性 Re、资源可恢复性 G。鉴于实际加工生产要求，将加工成本、加工质量和加工时间作为主要考虑指标，将资源可靠性和资源可恢复性作为次要考虑指标。对于云制造环境下制造资源的多样性，由于用户的主观要求，相同的资源需求可能对同样的指标重要程度有不同的要求，为使综合评价指标更加符合实际加工环境，将评价指标运用 AHP 法分 3 种情况来求取权重值。第一种，加工成本最重要，加工时间次之，加工质量比资源可靠性和资源可恢复性重要，即（$C > T > Q > Re > G$）。第二种，加工质量最重要，加工时间次之，加工成本比资源可靠性和资源可恢复性重要，即（$Q > T > C > Re > G$）。第三种，加工时间最重要，加工成本次之，加工质量比资源可靠性和可恢复性重要，即（$T > C > Q > Re > G$）。

当按照成本最重要（$C > T > Q > Re > G$）应用 AHP 法构造判断矩阵 $A = (a_{ij})_{n \times n}$，矩阵各元素如表 3-5 所示。

表 3-5 目标层判断矩阵各元素

	C	T	Q	Re	G
C	1	3	5	6	8
T	1/3	1	2	3	5
Q	1/5	1/2	1	2	3
Re	1/6	1/3	1/2	1	2
G	1/8	1/5	1/3	1/2	1

根据 AHP 法计算权重的式(2-26)~式(2-28)，得到各指标权重 w_i 如下。

目标层：(0.526943，0.221130，0.126418，0.078427，0.047082)。

w_i 为云制造环境下制造资源各指标权重因子，但此权重还需要进行一致性检验方能确定。

根据式(2-29)求最大特征根得：

$$\lambda_{\max}=5.066276$$

根据式(2-30)计算一致性指标得：

$$CI=0.016569$$

通过查找表 3-4 平均随机一致性指标，根据式(2-31)计算得：

$$CR=0.014794<0.1$$

说明上述构造的判断矩阵满足一致性要求，所求的指标权重分配合理。表 3-6 所示为成本最重要时各指标权重。

表 3-6 成本最重要时指标权重

成本	时间	质量	可靠性	可恢复性
0.526943	0.221130	0.126418	0.078427	0.047082

运用相同方法求得其余两种情况的指标权重值，如表 3-7、表 3-8 所示。

表 3-7 时间最重要时指标权重

时间	成本	质量	可靠性	可恢复性
0.507048	0.253405	0.136117	0.064327	0.039103

表 3-8 质量最重要时指标权重

质量	时间	成本	可靠性	可恢复性
0.514449	0.257456	0.112672	0.071531	0.043892

3.6 基于人工蜂群算法的制造资源智能优化匹配

3.6.1 编码操作

在制造资源优化匹配方案生成中,通过编码操作将复杂的实际问题转化成直观的数学问题,这样计算机将更好地识别并处理问题。本节对食物源的位置进行整数编码操作,在人工蜂群算法中用集合 $\boldsymbol{X} = \{\boldsymbol{X}_i \mid \boldsymbol{X}_i \in \boldsymbol{X}, i = 1, \cdots, N\}$ 表示食物源对应的资源匹配方案,其中 $\boldsymbol{X}_i = [x_1, x_2, \cdots, x_m]$ 是食物源对应的一个制造资源匹配方案,x_m 表示食物源 $\boldsymbol{X}_i$ 对应的资源匹配方案中第 m 个子任务匹配到的制造资源号,m 为制造任务中子任务的个数或匹配方案中服务资源个数。例如,$\boldsymbol{X}_1 = [2, 3, 1, 2, 4, 3]$ 表示制造资源匹配方案 1 中制造任务分为 6 个子任务,第 1 个子任务匹配到与之对应的编号为 2 的制造资源进行加工,第 2 个子任务匹配到与之对应的编号为 3 的制造资源进行加工,以此类推。

3.6.2 适应度函数的构造

适应度函数构造是蜂群算法优化过程中必须实施而且非常重要的一步,适应度函数的取值直接反映了蜜蜂群体觅食寻优的能力,适应度值越小,表明蜜蜂越接近最优解。我们的目的是选出最优的制造资源,这里所构造的适应度函数是选择制造资源的一个标尺。云环境下制造资源的匹配问题实际上属于寻找最优解问题,在实际生产过程中,对产品加工的成本、时间、质量等因素要求不一样,而各个因素又相互关联,互相影响,很难保证各目标函数均为最优解。为减小各指标数据间的差距,更好地表现各指标对资源的描述,并结合多目标函数优化问题转化为单目标优化问题构造适应度函数:

$$\min Y = w_1 \frac{T}{T_{\max}} + w_2 \frac{C}{C_{\max}} + w_3 \frac{Q_{\min}}{Q} + w_4 \frac{Re_{\min}}{Re} + w_5 \frac{G_{\min}}{G} \tag{3-14}$$

其中，w_i 是加工成本、加工时间、加工质量、资源可靠性以及资源可恢复性评价指标等所对应的加权因子，$\sum_{i=1}^{5} w_i = 1$。

3.6.3 雇佣蜂阶段

雇佣蜂阶段是搜索最优解的重要阶段，决定了蜜蜂搜索食物源的方式，是蜜蜂能否顺利搜索到最优食物源的关键一步。雇佣蜂根据已存在的食物源相关信息，在其周围按照式(2-24)搜索其他新的食物源。当找到新的食物源后，雇佣蜂会评价该食物源的丰富度（计算其适应度函数值）。

雇佣蜂搜索到新的食物源之后，会计算出它的适应度值，采用贪婪选择方法在新搜索到的食物源和已存在的食物源之间进行选择。当搜索到新的食物源时，食物源的位置对应的制造资源匹配方案也会发生变化，从而实现整个制造匹配方案的更新。

3.6.4 观察蜂阶段

非雇佣蜂由两部分组成：观察蜂和侦查蜂。观察蜂按照雇佣蜂带回巢穴关于食物源的相关信息，采用轮盘赌选择法的策略挑选满意的食物源。根据雇佣蜂分享的食物源信息，观察蜂选择食物源的概率由式(2-25)计算。

当食物源被观察蜂选中后，在被选中的食物源周围利用式(2-24)搜索新的食物源，更新食物源对应的制造资源匹配方案。同雇佣蜂阶段所述一致，在新旧食物源之间采用贪婪选择方法记录较优食物源。

3.6.5 侦查蜂阶段

侦查蜂判断每个食物源未更新的次数，如果存在食物源的未更新次数大于设定 $limit$，表示此时的适应度函数值已陷入局部最优，此时侦查蜂会随机寻找一个新食物源。在算法中加入侦查蜂阶段可以很好地防止搜索过程中陷入局部最优的情况。

人工蜂群算法通过雇佣蜂阶段、观察蜂阶段、侦查蜂阶段迭代操作，直到产生最优解或达到最大迭代次数,记录并输出最优制造资源服务组合方案和方案对应的适应度函数值。综上所述,人工蜂群算法的总体流程如图 3.4 所示。

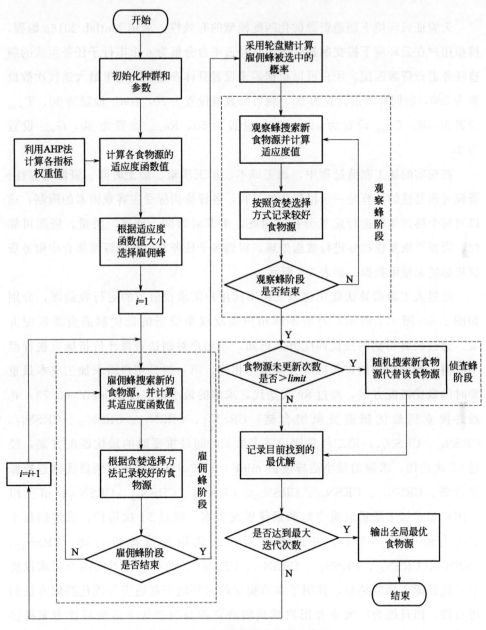

图 3.4 人工蜂群算法优化流程图

3.7 仿真实验分析

为验证云环境下制造资源优化匹配模型的有效性，采用 Matlab 2016a 编程，模拟用户在云环境下提交制造任务，对经云平台分解为 6 个串行子任务组成的制造任务进行资源匹配。用户可以根据需求设置具体参数值，这里最大迭代次数设置为 200，雇佣蜂数量设置为 20，观察蜂数量设置为 20，$limit$ 设置为 30，T_{max} 设置为 588，C_{max} 设置为 492，Q_{min} 设置为 50，Re_{min} 设置为 40，G_{min} 设置为 24。

在现实的加工制造过程中，加工成本、加工质量、加工时间、资源可靠性、资源可恢复性的计算是一个很复杂的过程，各评价指标受主客观因素的限制，难以对每个描述指标进行定量分析。因此，本节对时间、成本、质量、资源可靠性、资源可恢复性指标进行数据处理，得到各子任务对应候选资源集合中服务资源指标的无量纲数据，如表 3-9 所示。

经过人工蜂群算法优化得到三组不同用户需求权值下的运行收敛图，分别如图 3.5～图 3.7 所示，对应不同用户需求权重值下的最优制造资源匹配方案。通过最终得到的最优匹配方案可知，当用户对制造资源评价指标重视程度不同时，相应得到的资源匹配方案也不相同。第一组是用户需求加工成本最重要时的最优匹配方案，经过 89 次迭代，求解的最小适应度值 $minY=0.73$，并最终搜索到最优制造资源组合链：$CRSN_{11}$、$CRSN_{21}$、$CRSN_{32}$、$CRSN_{43}$、$CRSN_{52}$、$CRSN_{63}$；第二组是用户需求加工时间最重要时的最优匹配方案，经过 67 次迭代，求解的最小适应度值 $minY=0.77$，并最终搜索到最优制造资源组合链：$CRSN_{12}$、$CRSN_{23}$、$CRSN_{33}$、$CRSN_{43}$、$CRSN_{52}$、$CRSN_{61}$；第三组是用户需求加工质量最重要时的最优匹配方案，经过 51 次迭代，求解的最小适应度值 $minY=0.81$，并最终搜索到最优制造资源组合链：$CRSN_{12}$、$CRSN_{23}$、$CRSN_{33}$、$CRSN_{43}$、$CRSN_{52}$、$CRSN_{63}$。通过列举不同用户需求权值下最优匹配方案的结果，证明了本节提出的云环境下制造资源优化匹配方法的可行性，而且能为广大企业用户找到制造资源与制造任务匹配最优方案提供参考。

表 3-9 制造资源的相关加工数据

子任务号	候选资源号	实际加工时间 T_1	调试时间 T_2	处理时间 T_3	实际加工成本 C_1	人员技术成本 C_2	设备加工质量 Q_1	技术加工质量 Q_2	资源保密能力 Re_1	资源安全能力 Re_2	资源可恢复能力 G_1	交互资源号	物流时间 T_4	物流成本 C_3
1	1.1	71	0	0	45	0	58	0	34	19	28	2.1	14	13
												2.2	10	10
												2.3	12	11
	1.2	60	0	0	50	0	58	0	33	20	28	2.1	12	6
												2.2	16	9
												2.3	14	8
	1.3	68	0	0	49	0	52	0	32	23	26	2.1	9	7
												2.2	11	9
												2.3	14	10
	1.4	67	0	0	51	0	57	0	30	25	28	2.1	12	5
												2.2	15	7
												2.3	11	5
2	2.1	80	0	0	49	0	56	0	30	22	27	3.1	6	5
												3.2	7	6
												3.3	6	4
	2.2	69	0	0	45	0	52	0	30	26	27	3.1	17	16
												3.2	15	14
												3.3	19	16

续表

子任务号	候选资源号	实际加工时间 T_1	调试时间 T_2	处理时间 T_3	实际加工成本 C_1	人员技术成本 C_2	设备加工质量 Q_1	技术加工质量 Q_2	资源保密能力 Re_1	资源安全能力 Re_2	资源可恢复能力 G_1	交互资源号	物流时间 T_4	物流成本 C_3
2	2.3	79	0	0	46	0	56	0	30	24	29	3.1	5	10
												3.2	4	9
												3.3	7	11
3	3.1	82	0	0	58	0	55	0	26	20	27	4.1	0	0
												4.2	0	0
												4.3	0	0
	3.2	87	0	0	51	0	56	0	25	20	30	4.1	0	0
												4.2	0	0
												4.3	0	0
	3.3	83	0	0	53	0	56	0	23	22	30	4.1	0	0
												4.2	0	0
												4.3	0	0
4	4.1	0	12	65	0	59	0	55	25	21	26	5.1	0	0
												5.2	0	0
	4.2	0	16	70	0	52	0	58	22	20	29	5.1	0	0
												5.2	0	0
	4.3	0	10	67	0	52	0	59	27	18	30	5.1	0	0
												5.2	0	0

续表

子任务号	候选资源号	实际加工时间 T_1	调试时间 T_2	处理时间 T_3	实际加工成本 C_1	人员技术成本 C_2	设备加工质量 Q_1	技术加工质量 Q_2	资源保密能力 Re_1	资源安全能力 Re_2	资源可恢复能力 G_1	交互资源号	物流时间 T_4	物流成本 C_3
5	5.1	70	0	0	43	0	55	0	20	24	27	6.1	8	7
												6.2	9	11
												6.3	11	11
												6.4	11	10
	5.2	68	0	0	41	0	54	0	24	21	29	6.1	9	8
												6.2	7	6
												6.3	6	6
												6.4	10	9
6	6.1	53	0	0	57	0	58	0	25	35	30	—		
	6.2	57	0	0	54	0	57	0	31	23	27	—		
	6.3	55	0	0	56	0	59	0	33	23	29	—		
	6.4	56	0	0	55	0	55	0	36	21	25	—		

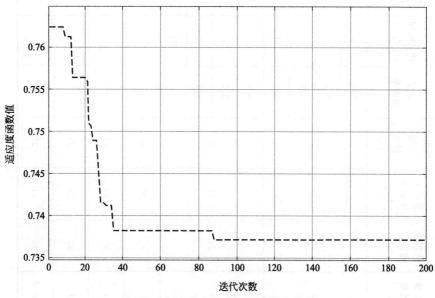

图 3.5 加工成本最重要时函数收敛图

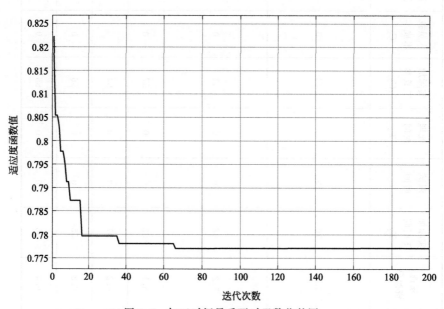

图 3.6 加工时间最重要时函数收敛图

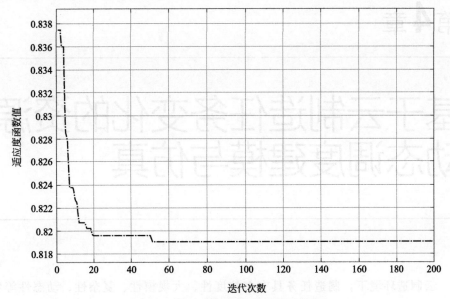

图 3.7 加工质量最重要时函数收敛图

3.8 本章小结

在云制造环境下,影响制造任务与制造资源匹配的因素复杂且抽象,其资源优化匹配问题属于典型的多目标优化问题。本章通过分析影响云制造环境下任务与资源优化匹配的因素及需求,构建制造资源匹配指标体系,建立加工时间、加工质量、加工成本、资源可靠性、资源可恢复性函数的数学模型,实现了云制造环境下制造资源的优化匹配建模。提出了一种基于人工蜂群算法的制造资源优化匹配方法,首先利用层次分析法求出各评价因素的权重因子,然后利用人工蜂群理论进行制造资源与制造任务匹配,最后以 6 个子任务为例进行仿真分析,证明该方法能满足用户最大需求的同时,搜索到最优的制造资源并与制造任务进行匹配,完成加工过程。

第4章

基于云制造任务变化的资源动态调度建模与仿真

云制造环境下,制造任务具有多粒度性、大规模性、复杂性、动态性等特点。云制造环境下,资源动态调度是云制造模式的核心内容,因此,本章对云制造环境下制造任务的各类突发干扰事件进行分析,建立基于任务变化的资源调度模型,使云制造服务平台快速、高效地动态响应,并给出任务变化后的调度方案。制造任务的动态性主要体现在制造任务需求变化、新制造任务加入及相关制造任务的撤销等。云制造环境下,动态调度是将调度全生命周期看成连续的制造过程,云制造服务平台根据制造任务的具体需求为制造任务安排最合适的资源,以达到用户最佳的期望。在基于任务变化的调度全生命周期中,会发生新增制造任务、制造任务撤销、制造任务需求发生变化等突发情况,为了按照用户需求完成相关任务,需要云制造服务系统及时更新调度策略,最大化完成制造任务并达到用户期望,为此,本章采用基于多层编码的遗传算法求解云制造环境下制造任务发生变化的资源调度问题。

4.1 云制造任务

云制造模式中,制造任务以服务指令的形式发送至云制造服务平台,制造任务具有多粒度性、大规模性、复杂性、动态性等特点。云制造服务平台中的制造任务粒度各异,平台需通过任务分解技术对一级制造任务进行分解,形成可加工服务的二级制造任务序列,然后通过资源匹配技术智能地为二级制造任务匹配相应的可用资源,并形成候选资源集合,最后通过制造任务信息相关描述为制造任务调度相应资源。

4.1.1 云制造任务信息描述

(1) 制造任务基本信息

云资源与云制造任务都以数据形式存储于云制造平台,云环境下制造任务的基本信息是云平台为其检索云资源的依据,云环境中制造任务的基本信息一般包括制造任务的约束信息、制造任务的功能信息、制造任务的标志信息及制造任务的服务信息等,云平台中的制造任务集 H 的基本信息可用一个多元信息组表示 $H_{information} = \{H_{constraint}, H_{optimization\_objective}, H_{name}, H_{source}\}$,其中 $H_{information}$ 表示制造任务集 H 的基本信息集合,$H_{constraint}$ 表示制造任务集 H 的约束信息,$H_{optimization\_objective}$ 表示制造任务集 H 的功能信息(即优化目标),H_{name} 表示制造任务集 H 的标志信息,H_{source} 表示制造任务集 H 的服务信息。

(2) 制造任务结构

制造任务结构是云制造系统有序完成制造任务的关键。云制造任务在云制造平台中经过任务分解技术实现由"大"任务向"小"任务的转化,分解完成的标准是所有"小"任务有相应的资源提供服务。云制造服务平台中初始制造任务集合 $H_1 = \{F_1, F_2, \cdots, F_i, \cdots, F_n\}$ 由 n 个一级制造任务构成,F_i 表示一级制造任务;F_i 可分解为 k_i 个二级制造任务,即 $F_i = \{F_{i1}, F_{i2}, \cdots, F_{ij}, \cdots, F_{ik_i}\}$,其中 F_{ij} 表示制造任务 F_i 的第 j 个二级制造任务。制造任务集 H_1、一级制造任务 F_i、二级制造任务 F_{ij} 的关系如图 4.1 所示。

4.1.2 云制造任务动态性分析

云制造服务系统是集合了云计算、物联网等技术的综合服务平台,云制造环境下制造任务的动态性,从任务到达的角度体现在:用户的服务指令不断到达云制造服务平台,云制造服务平台不断接收、处理相应的服务申请,体现了任务到达的连续性;从任务突发情况的角度体现在:云制造平台中的制造任务在执行服务过程中发生任务执行进度变化即任务撤销、任务属性改变或新任务接入,云制造服务平台根据相应突发状况智能调整,以适应当前系统环境。

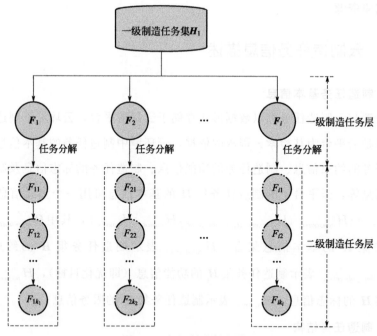

图 4.1 各级制造任务关系

4.2 基于云制造任务变化的资源动态调度问题描述

云制造服务平台中初始制造任务集 $H_1=\{F_1,F_2,\cdots,F_i,\cdots,F_n\}$ 由 n 个一级制造任务构成,即 F_i 表示一级制造任务;F_i 可分解为 k_i 个二级制造任务,即 $F_i=\{F_{i1},F_{i2},\cdots,F_{ij},\cdots,F_{ik_i}\}$,$F_{ij}$ 表示二级制造任务;每个二级制造任务 F_{ij} 有多个候选制造资源,二级制造任务 F_{ij} 可随机地在候选资源上执行。由于资源属性的区别,二级制造任务在不同资源上的执行时间、成本、服务、质量会有差异,不同调度方案资源间负载均衡度亦不同。云制造环境下,资源具有分布性、多样性、抽象性、动态性和异构性等特点。不同的资源可能属于不同的企业,故资源与资源之间的物理距离会导致一级制造任务的多个二级制造任务在执行过程中产生相应的物流时间和物流成本。云制造环境下,资源调度的本质即为各类任务选择最合适的资源,给出资源在任务上的服务顺序以及各资源服务的开始时间和结束时间,并使调度方案的各项优化指标达到最优。在云制造环境下资源调度的全周期中,基于制造任务的变化有多种不同的扰动因素,其主要体现在新任务接入、任务撤销和任务属性改变等。

(1) 新任务接入

云制造服务加工过程中,初始任务集 H_1 中各制造任务在云制造服务平台的统一调度下,在不同资源节点上进行有序服务,云制造服务周期的 t_1 时刻,制造任务集合 $G=\{F_{n+1},F_{n+2},\cdots,F_{n+r}\}$ 到达云制造服务平台,在 t_1 时刻初始任务集 $H_1=\{F_1,F_2,\cdots,F_i,\cdots,F_n\}$ 中未完成的任务构成制造任务集 $H_{unfinished}^1$,此时将制造任务集 $H_{unfinished}^1$ 与新接入的任务集 G 组合构成新的制造任务集 $H_2=\{H_{unfinished}^1,G\}$,云制造服务平台针对新的任务集合 $H_2=\{H_{unfinished}^1,G\}$ 继续进行调度服务。

(2) 任务撤销

在云制造服务周期的 t_2 时刻,用户对某些制造任务进行撤销,被撤销任务占用的资源解封,可服务于其他制造任务,在 t_2 时刻制造任务集 H_2 中未完成的任务构成制造任务集 $H_{unfinished}^2$,令制造任务集 $H_{unfinished}^2=H_3$,云制造服务平台根据制造任务集 H_3 继续进行调度。

(3) 任务属性变化

在云制造服务周期的 t_3 时刻,用户对制造任务集合 H_3 中若干任务的服务预期目标进行修改,在 t_3 时刻制造任务集 H_3 中未完成的任务构成制造任务集 $H_{unfinished}^3$,令制造任务集 $H_{unfinished}^3=H_4$,云制造服务平台根据属性变化后的制造任务集 H_4 继续进行调度。

为便于分析,本节给出如下相关调度规则。

规则1 每个制造资源能独立完成一个或几个二级制造任务,同一个二级制造任务在同一时刻不可被不同制造资源加工;

规则2 一级制造任务分解后形成二级制造任务,二级制造任务为最小待服务单元;

规则3 二级制造任务 F_{ij} 与下一个二级制造任务 $F_{i(j+1)}$ 在不同制造资源之间加工制造会产生一定的物流成本与物流时间;

规则4 任务的服务方式是按二级制造任务前后次序有序接收服务,后一个二级制造任务的开始时间不小于前一个二级制造任务结束时间与两个二级制造任务所选资源之间的物流时间之和；

规则 5　不同资源之间的物流成本、物流时间与物流距离成正比；

规则 6　不同类型的一级制造任务执行优先级相同；

规则 7　在零时刻所有云制造资源均可用；

规则 8　二级制造任务 F_{ij} 开始加工后直至其制造服务完成，期间不可中断。

4.3　云制造资源调度指标建立

调度指标是云制造环境下资源调度问题的基本特征，调度指标确定了所研究调度问题需实现的基本目标。云制造调度系统主要由用户（即资源需求方）、资源提供方、资源管理方（即云服务平台）三部分构成。资源需求方往往需要成本低、时间短、服务质量好的服务；服务管理方往往侧重既满足用户的需求，同时又需要兼顾均衡资源池中各资源的负载度；资源提供方往往需要自身资源尽可能多地被利用从而带来更好的收益。因此，在云制造调度问题中因利益方的出发点各异，各优化目标往往是不一致甚至矛盾的。本节在对相关文献进行研究的基础上，对不同文献所选取的优化目标进行了归纳：制造服务时间与制造服务成本作为基本优化目标被选择的次数最多，制造服务质量、资源负载均衡度、资源利用率及资源制造能力等相关指标亦被选择。通常制造服务时间与制造服务成本是调度问题中最主要的优化指标。从市场角度出发，在满足资源分布和加工能力等约束的条件下，本节选择总制造服务时间、总制造服务成本、平均制造服务质量及资源负载均衡度作为优化指标。

4.4　基于云制造任务变化的资源动态调度数学模型

4.4.1　数学符号及其描述

以制造任务总制造服务时间（T）、总制造服务成本（C）、资源负载均衡度（MRL）、平均制造服务质量（Q）为优化目标，x_{ijp} 为决策变量，则：

第 4 章 基于云制造任务变化的资源动态调度建模与仿真

$$x_{ijp} = \begin{cases} 1 & \text{表示资源 } p \text{ 服务于二级制造任务} F_{ij} \\ 0 & \text{否则} \end{cases} \tag{4-1}$$

模型相关物理量进行定义如表 4-1 所示。

表 4-1 各物理量的意义

物理量	代表意义
Q	平均制造服务质量
T	总制造服务时间
C	总制造服务成本
MRL	资源负载均衡度
L_p	资源 p 的负载度
$Q_{\min}$	用户规定的最低服务质量
$T_{\max}$	用户规定的最晚交货期
$C_{\max}$	用户规定的最高服务成本
n	任务总数
F_i	第 i 个一级制造任务
F_{ij}	第 i 个一级制造任务的第 j 个二级制造任务
k_i	第 i 个一级制造任务的二级制造任务数目
x_{ijp}	决策量(资源 p 是否处于加工状态)
t_{ijp}	二级制造任务 F_{ij} 在资源 p 上的服务加工时间
t'_{ijp}	二级制造任务 F_{ij} 在资源 p 上的物流时间
c_{ijp}	二级制造任务 F_{ij} 在资源 p 上的服务加工成本
c'_{ijp}	二级制造任务 F_{ij} 在资源 p 上的运输成本
m_{ij}	二级制造任务 F_{ij} 的候选资源数

4.4.2 优化目标

(1) 总制造服务时间

总制造服务时间是指从制造服务开始到制造任务中最后一个二级制造任务完成的时间。总制造服务时间的目标函数表达式如下：

$$T = \max\{T_{ij\_end} \mid i = 1, 2, \cdots, n; j = 1, 2, \cdots, k_i\} \tag{4-2}$$

式中，T_{ij_end} 表示任务 F_i 的最后一个二级制造任务的完成时间。

(2) 总制造服务成本

云制造服务平台的收费方式是按时计费，不同服务资源的收费标准各不相同，同一类型的服务资源根据资源的优劣其收费标准也不相同。在云制造资源池中存在大量同一类型的服务资源，此类资源都能为某一任务提供所需服务，"优等"资源效率高，加工周期短，收费相应高，此时，应从服务成本考虑，为用户选择最合适的服务资源。因此，制造服务成本最优不一定是为用户选择最好的资源，而是为用户选择最合适的资源。制造服务成本包括二级制造任务 F_{ij} 的加工成本、二级制造任务 F_{ij} 与下一个二级制造任务 $F_{i(j+1)}$ 在不同服务资源之间的物流成本。在云制造环境下，资源调度中云制造服务平台给用户提供的制造资源应满足总制造服务成本最低。总制造服务成本的目标函数表达式如下：

$$C = \sum_{i=1}^{n}\sum_{j=1}^{k_i}\sum_{p=1}^{m_{ij}} x_{ijp}(c_{ijp} + c'_{ijp}) \tag{4-3}$$

式中，c_{ijp} 表示制造任务 F_i 的第 j 个二级制造任务 F_{ij} 在资源 p 上的加工成本；c'_{ijp} 表示二级制造任务 F_{ij} 在资源 p 上的运输成本。

(3) 平均制造服务质量

制造服务质量反映的是云制造资源在进行云制造服务后，用户对云制造服务的综合评价，主要靠用户的满意度来体现。本节选取平均制造服务质量作为优化目标，其反映的是用户对所有参与云制造服务的资源的综合满意度。平均制造服务质量的目标函数表达式如下：

$$Q = \frac{\sum_{i=1}^{n}\sum_{j=1}^{k_i}\sum_{p=1}^{m_{ij}} x_{ijp} Q_{ijp}}{nk_i} \tag{4-4}$$

式中，Q_{ijp} 表示资源 p 对二级制造任务 F_{ij} 的服务质量。

(4) 制造资源负载均衡度

每个一级制造任务的每个二级制造任务都有若干候选服务资源，属性优良的资源会被不断地选择，导致资源的负载过大，影响资源的使用寿命，因此必须对资源的负载度进行相关约束。云制造环境下制造资源的负载度表示资源实际工作的时间与理论最大载荷的比值，制造资源负载均衡度的目标函数表达式如下：

$$L_p = \frac{\sum_{i=1}^{n}\sum_{j=1}^{k_i}\sum_{p=1}^{m_{ij}} t_{ijp}}{Ca_s} \tag{4-5}$$

$$\overline{L}(\theta) = \frac{\sum_{p=1}^{h}\sum_{p=1}^{m_{ij}} x_{ijp} L_p}{h} \tag{4-6}$$

$$MRL = \sqrt{\frac{\sum_{s=1}^{h}\sum_{p=1}^{m_{ij}} x_{ijp}(L_p - \overline{L}(\theta))^2}{h-1}} \tag{4-7}$$

式中，L_p 表示资源 p 的负载度；Ca_s 表示资源的理论可工作时间；h 表示参与执行任务的资源数量；$\overline{L}(\theta)$ 表示整体资源的平均负载；MRL 表示整体资源的负载均衡度。

综上所述，云制造环境基于任务变化的动态调度总目标函数表达如下：

$$F(x) = W_1 f_1(x) + W_2 f_2(x) + W_3 f_3(x) + W_4 f_4(x) \tag{4-8}$$

式中，$f_1(x)$ 表示总制造服务时间目标函数；$f_2(x)$ 总制造服务成本目标函数；$f_3(x)$ 表示平均制造服务质量目标函数；$f_4(x)$ 表示资源负载均衡度目标函数；$W_i(i=1,2,3,4)$ 为各目标函数的权重。

4.4.3 约束条件

(1) 制造执行时间约束

任务的总完成时间不可超过规定的最晚交货期，即：

$$T = \max(T_{ij\_end}) \leqslant T_{\max} \quad (i=1,2,\cdots,n; j=1,2,\cdots,k_i) \tag{4-9}$$

式中，T 表示制造任务完成时间；$T_{\max}$ 表示用户规定的最晚交货期。

(2) 制造服务成本约束

制造服务成本不能超过用户规定的最高服务成本，即：

$$C = \sum_{i=1}^{n}\sum_{j=1}^{k_i}\sum_{p=1}^{m_{ij}} x_{ijp}(c_{ijp} + c'_{ijp}) \leqslant C_{\max} \tag{4-10}$$

式中，$C_{\max}$ 表示用户规定的最高服务成本。

(3) 平均制造服务质量约束

制造资源的平均服务质量不低于用户规定的最低服务质量，即：

$$Q = \frac{\sum_{i=1}^{n}\sum_{j=1}^{k_i}\sum_{p=1}^{m_{ij}} x_{ijp} Q_{ijp}}{n k_i} \geqslant Q_{\min} \tag{4-11}$$

式中，$Q_{\min}$ 为用户规定的最低服务质量。

(4) 制造资源负载度约束

$$L_p = \frac{\sum_{i=1}^{n}\sum_{j=1}^{k_i}\sum_{p=1}^{m_{ij}} t_{ijp}}{Ca_s} \leqslant 0.8 \qquad (4\text{-}12)$$

(5) 二级制造任务加工时序约束

任务的服务方式是按二级任务的次序有序接受服务,后置二级制造任务的服务开始时间不小于前置二级制造任务的任务结束时间与这两个二级制造任务所在资源间的物流时间之和,即:

$$\max(t_{end_{ij}} + t'_{end_{ij}}) \leqslant t_{start_{i(j+1)}} \qquad (4\text{-}13)$$

式中,$t_{end_{ij}}$ 表示二级制造任务 F_{ij} 的完成时间;$t'_{end_{ij}}$ 表示二级制造任务 F_{ij} 与二级制造任务 $F_{i(j+1)}$ 所在资源之间的物流时间;$t_{start_{i(j+1)}}$ 表示二级制造任务 $F_{i(j+1)}$ 的任务开始时间。

(6) 二级制造任务的粒度约束

任务分解后形成的二级制造任务为加工最小单元粒度,每个制造资源能独立完成一种或几种类型的二级制造任务,同一个二级制造任务在同一时刻不可被不同制造资源加工,即:

$$\sum_{p=1}^{m_{ij}} x_{ijp} = 1 \qquad (4\text{-}14)$$

4.5 遗传算法

遗传算法于 20 世纪 70 年代由美国 John H. Holland 教授及其助理提出,其借鉴了自然界中生物通过自然选择和种群遗传促进种群进化演变这一基本原理——通过种群中不同染色体间的交叉互换与同一染色体中基因突变促进种群产生更多类型的适应度更好的新个体。运用遗传算法对问题进行求解时,种群中的每一个染色体代表了问题的一个可能解,算法通过模仿生物遗传的规律,以适应度值作为衡量个体优劣的标准,以一定的比率从种群中选择部分优秀个体进行染色体交叉、变异操作,不断筛选优秀个体,如此循环往复使所求问题解不断靠近最优解,遗传算法的主要内容有以下几方面。

(1) 适应度函数的构造

在自然界中,衡量某一生物种群生命力是否顽强的一个重要标准是该种群是否有较强的环境适应能力,遗传算法借鉴了生物遗传进化的思想,因此"适应度"亦成为遗传算法中衡量种群个体接近最优解的程度,度量种群中个体适应度的函数称为适应度函数,适应度函数值就是该个体接近最优解的程度。适应度函数是衡量种群个体优劣的标尺。在实际中,需根据问题的定义确定一个目标函数,确定目标函数的类型即确定目标函数是求最大值还是求最小值,然后通过目标函数和适应度函数的相互关系构造出适应度函数。

(2) 编码

遗传算法中的染色体是一种数据结构,是计算机能识别的一种语言,编码是实现解空间转换的有效途径,因此在使用遗传算法进行问题求解时首先需要对问题进行解空间转换,即将实际问题的解空间转换为计算机能识别的解空间,常见的编码操作有二进制编码、浮点数编码和符号编码。

(3) 遗传算子

遗传算子是遗传算法进行种群更新和求解最优值的核心,主要的遗传算子有选择算子、交叉算子及变异算子。选择算子对种群中的个体进行选择,部分适应度值高的个体被保留并作为父代参与种群更新,适应度评价较差的个体则被淘汰;交叉算子是种群产生新个体的主要方式,其按较大的概率在种群中选择两个染色体作为父代和母代进行交叉操作,新产生的个体继承了父代与母代的优点,表现出更强的适应能力,因此,交叉算子是种群进化、收敛的强大推动力;变异算子是种群产生新基因的有效方式,其在某染色体的某个部位用等位基因替换原先基因,从而形成新的个体,进行交叉操作既可以防止算法陷入局部最优,同时又能保证种群的多样化。遗传算法在选择算子、交叉算子、变异算子的共同作用下,经过种群一代代的更新,最终收敛于最适应环境的某个个体,遗传算法的基本流程如图4.2所示。

遗传算法基本流程如下:

步骤1 通过待求解问题的模型,确定算法的编码方式,并对算法进行初始化处理,产生初始种群;

步骤2 通过适应度函数计算种群中每个个体的适应度值,并对个体进行适应度评价;

步骤3 通过选择算子选择种群中部分优秀个体;

步骤4 按交叉概率,通过交叉算子选择种群中的个体进行交叉;

步骤5 按变异概率,执行变异算子;

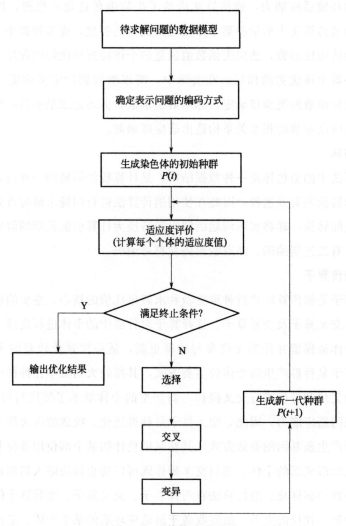

图 4.2 遗传算法流程图

步骤 6 种群经过步骤 3～5 后形成新一代种群；

步骤 7 终止条件，判断算法是否达到设定条件，若达到设定条件，则算法结束并输出此时的最优结果；若不满足算法终止条件，则返回步骤 2 继续执行。

4.6 基于层次分析法的权重计算

云制造环境下资源调度问题中，资源需求方对调度方案的制造时间、制造成本、制造服务质量、制造资源负载均衡度等有不同的需求。不同的资源需求方对调度指标的需求各异,有些资源需求方认为制造时间最重要,有些则认为制造成本最重要,本节采用层次分析法对总制造服务时间、总制造服务成本、平均制造服务质量及资源负载均衡度的权重进行计算。

4.6.1 层次分析法求解步骤

首先,明确研究对象并对研究对象各层关系进行分析,确定目标层、准则层及方案层,根据目标层、准则层及方案层构建阶梯层次模型。

然后,同一层次中的不同影响因素的重要程度由决策方确定,为计算便利需要将"相对重要程度"这一抽象概念具体化,根据不同指标因素在决策方心中的重要程度,参照表 4-2,按标度 1～9 构建初始判断矩阵 $A=(a_{ij})_{n\times n}(i=1,2,\cdots,n;j=1,2,\cdots,n)$,$n$ 表示同一层中指标因素的数量,a_{ij} 表示同一层次中指标因素 i 和指标因素 j 相对上一层次某一元素的重要程度之比,如 $a_{ij}=1$ 表示 i 指标因素与 j 指标因素相对上一层因素同等重要。

表 4-2 判断矩阵元素标度表

标度	含义	标度	含义
1	因素 i 和 j 同等重要	2	重要程度于 1～3 之间
3	因素 i 较 j 略微重要	4	重要程度于 3～5 之间
5	因素 i 较 j 明显重要	6	重要程度于 5～7 之间
7	因素 i 较 j 强烈重要	8	重要程度于 7～9 之间
9	因素 i 较 j 极端重要		

最后,根据构建的初始判断矩阵 A,由矩阵的特性 $AW=\lambda_{\max}W$ 可知,W 为矩阵 A 的特征向量,$\lambda_{\max}$ 为矩阵的特征值,对矩阵 A 做相应的数学转换即可求出特征值 $\lambda_{\max}$ 和特征向量 W。

首先对矩阵 A 按列归一化处理,得到归一化标准矩阵 $\overline{A}$;然后对 $\overline{A}$ 中的元素按行相加,得到新的列向量 $\overline{W}$;最后对得到的列向量 $\overline{W}$ 进行归一化处理,得到最终的权向量 W,具体见式(2-26)～式(2-29)。

由于在对一组指标元素进行重要度判断时,不可避免地出现估计误差,这种误差必然导致各特征向量与特征值存在偏差,进而导致结果出现错误,因此要对判断矩阵进行一致性检验,控制估计误差。利用式(2-30)计算一致性指标 CI 值。

当 $CI\leqslant 0.1$ 时,认为判断矩阵可以接受,否则需调整判断矩阵。

判断矩阵维度越大，判断一致性将越差，因此引入平均一致性指标 RI，如表 4-3 所示。

表 4-3　平均随机一致性指标 RI

阶数(n)	2	3	4	5	6	7	8	9	10
RI	0.00	0.58	0.90	1.12	1.24	1.32	1.41	1.46	1.49

最后根据式(2-31) 计算一致性比例 CR 值。当 $CR \leq 0.1$ 时，判断矩阵的一致性可以接受。

4.6.2　权重计算

(1) 构造层次模型

通过前面对层次分析法求解权重基本原理的分析，结合研究对象，构建以最优资源调度方案为目标层，以总制造服务时间、总制造服务成本、平均制造服务质量和资源负载均衡度为指标因素层的阶梯层次模型，本节仅考虑第一层指标。

(2) 构造判断矩阵

本节基于层次分析法的原理及求解步骤，对调度模型中的影响因素进行权重求解。假定总制造服务时间最重要，总制造成本比平均制造服务质量重要，平均制造服务质量比资源负载均衡度重要。按照标度 1～9 构建如表 4-4 所示的初始判断矩阵 $A = (a_{ij})_{n \times n}$。

表 4-4　目标层初始判断矩阵各元素

参数	T	C	Q	MRL
T	1	2	2	3
C	1/2	1	2	2
Q	1/2	1/2	1	2
MRL	1/3	1/2	1/2	1

(3) 计算权重

按 4.6.1 节对矩阵进行归一化处理后得到的标准矩阵 $\overline{A}$ 如表 4-5 所示。

表 4-5　归一化标准矩阵 $\overline{A}$ 矩阵各元素

参数	T	C	Q	MRL
T	0.4286	0.5000	0.3636	0.3750
C	0.2143	0.2500	0.3636	0.2500

续表

参数	T	C	Q	MRL
Q	0.2143	0.1250	0.1818	0.2500
MRL	0.1428	0.1250	0.0910	0.1250

对归一化后的标准矩阵$\overline{A}$按行进行元素相加得到新的列向量$\overline{W}$；

$$\overline{W} = (1.6672, 1.0779, 0.7711, 0.4838)^T$$

对$\overline{W}$进行归一化处理得到归一化后的列向量W；

$$W = (0.4168, 0.2694, 0.1928, 0.1210)^T$$

计算判断矩阵A的最大特征值λ_{max}；

$$\lambda_{max} = 4.07118$$

对所求权重进行一致性检验：

$$CI = 0.0237 \leqslant 0.1$$

由表4-3可查得在$n=4$时，平均随机一致性指标$RI=0.90$，则：

$$CR = 0.0264 \leqslant 0.1$$

故所求权重符合一致性检验。

本节所求权重为$W = (0.4168, 0.2694, 0.1928, 0.1210)^T$。

4.7 基于多层编码遗传算法的资源动态调度

遗传算法具有较强的问题求解能力，其每个染色体表示问题的一个潜在最优解，多层编码的遗传算法把个体编码分为多层，每层编码均表示不同的含义，多层编码共同表达问题的解，从而用一个染色体准确地表达出复杂问题的解。本节研究的云制造环境下资源调度包括资源层、一级制造任务层和二级制造任务层，资源层是二级制造任务层的可选资源集合，二级制造任务层为任务的执行排序集合，二级制造任务层的每一个二级制造任务对应资源层中的可选资源，根据优化目标实现二级制造任务在资源上的排序，构成不同的调度方案。

4.7.1 个体编码

编码的目的是将实际问题向数学解空间转换以便于计算机识别，根据调度问题中一级制造任务间没有优先级关系，一级制造任务分解后形成的二级制造任务间存在执行顺序的特点，对染色体采用整数编码的方式进行编码，一条染色体代表问题的一个可行解，例如，在一次调度过程中待执行的一级制造任务总数为 n，一级制造任务 F_i 由 k_i 个二级任务 F_{ij} 构成，首先在 $1\sim n$ 的范围内对一级制造任务 F_i 进行编号，则染色体个体长度可表示为 $2\sum_{i=1}^{n}k_i$ 整数串。染色体的前半部分表示所有一级制造任务的执行顺序，后半部分表示可服务于二级制造任务 F_{ij} 的资源编号。如个体 [2 1 3 1 1 2 3 2 3 ┊ 5 3 1 3 3 2 4 1 4]，其中前9位 [2 1 3 1 1 2 3 2 3] 中数字代表一级制造任务的编号，如 "2" 代表编号为2的一级制造任务；编号 "2" 第几次出现则代表了编号为 "2" 的一级制造任务的第几个二级制造任务，即染色体个体可理解为：

$$\begin{bmatrix} 2 & 1 & 3 & 1 & 1 & 2 & 3 & 2 & 3 \\ 201 & 101 & 301 & 102 & 103 & 202 & 302 & 203 & 303 \end{bmatrix} \vdots \begin{matrix} 5 & 3 & 1 & 3 & 3 & 2 & 4 & 1 & 4 \end{matrix}$$

又如，个体序列为 [2 2 2]，其中的数字 "2" 代表了2号一级制造任务编号，"2" 第一次出现代表编号为2的一级制造任务的第一个二级制造任务即为201，"2" 第二次出现代表编号为2的一级制造任务的第二个二级制造任务即为202，以此类推。因此，个体编号为 [2 1 3 1 1 2 3 2 3 ┊ 5 3 1 3 3 2 4 1 4] 的序列，前9位表示编号为 "1" "2" "3" 的3个一级制造任务都由3个二级制造任务构成，且在5个资源上的执行顺序依次为：一级制造任务2→一级制造任务1→一级制造任务3→一级制造任务1→一级制造任务1→一级制造任务2→一级制造任务3→一级制造任务2→一级制造任务3；第10到18位表示服务二级制造任务的资源，依次为：资源5→资源3→资源1→资源3→资源3→资源2→资源4→资源1→资源4。其对应关系则为5号资源服务于编号为2的一级制造任务的第一个二级制造任务，3号资源服务于编号为1的一级制造任务的第一个二级制造任务，以此类推，染色体个体编码示意图如图4.3所示。

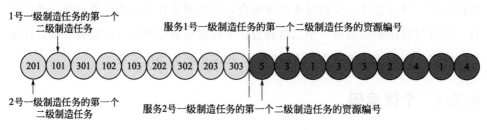

图4.3 染色体个体编码示意图

4.7.2 适应度函数的构造

适应度函数的构造是采用多层编码的遗传算法寻找最优解的重要一步，适应度函数值的取值反映算法是否接近最优解，遗传算法一般用来求解最大值，适应度值越大，则染色体个体越优，个体所代表的调度方案越合适。根据目标函数的定义，应满足总制造服务时间、总制造服务成本、资源负载均衡度均取最小值，平均制造服务质量取最大值。对于遗传算法，通常采用单目标函数作为适应度函数对染色体进行评价选择，因此对于多目标优化问题可将其转化为单目标函数的形式进行求解。采用线性加权的方式构造单目标函数，适应度函数表达式为：

$$fitness(x) = \frac{1}{W_1 \frac{T - T_{min}}{T_{min}} + W_2 \frac{C - C_{min}}{C_{min}} - W_3 \frac{Q - Q_{max}}{Q_{max}} + W_4 \frac{MRL - MRL_{min}}{MRL_{min}}} \quad (4-15)$$

式中，W_1、W_2、W_3、W_4 表示总制造服务时间、总制造服务成本、平均制造服务质量、资源负载均衡度的权重值；T_{min} 表示不考虑其他指标影响，仅考虑总制造服务时间时，总制造服务时间的最小值；C_{min} 表示不考虑其他指标影响，仅考虑总制造服务成本时，总制造服务成本的最小值；Q_{max} 表示不考虑其他指标影响，仅考虑制造服务质量时，平均制造服务质量的最大值；MRL_{min} 表示不考虑其他指标影响，仅考虑资源负载均衡度时，资源负载均衡度的最小值。

4.7.3 选择操作

采用轮盘赌选择法选择适应度较好的染色体，个体选择概率为：

$$Pi(i) = \frac{Fitness(i)}{\sum_{i-1}^{n} Fitness(i)} \quad (4-16)$$

$$Fitness(i) = \frac{1}{fitness(i)} \quad (4-17)$$

式中，$Pi(i)$ 表示染色体 i 在每次选择被选中的概率。

4.7.4 交叉操作

遗传算法中，交叉操作是对种群进行更新的重要手段，通过交叉可以为种群带来新的个体，交叉后的新个体继承父代的优良性状，具有更强的适应能力。通过交叉操作获得新染色体，从而推动整个种群向前进化。交叉操作采用整数交叉法，即随机取整数点进行染色体交叉互换。交叉的基本操作为：首先在种群中随机选取两个染色体，并取出每个染色体的前 $\sum_{i=1}^{n} k_i$ 位，然后随机选择交叉位置进行交叉。只对个体的前 $\sum_{i=1}^{n} k_i$ 位进行交叉，交叉后某些一级制造任务的二级子任务是多余的，某些一级制造任务的二级制造任务缺失，需要将一级制造任务的二级制造任务多余的操作变为一级制造任务的二级制造任务缺失的操作，并按交叉前个体的操作资源来调整个体（$\sum_{i=1}^{n} k_i + 1$）位到 $2\sum_{i=1}^{n} k_i$ 位的服务资源，如图4.4所示，染色体交叉位置为6。

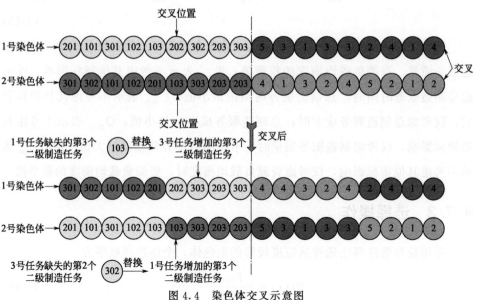

图 4.4　染色体交叉示意图

4.7.5　变异操作

变异操作是种群获取新基因的手段，有利于提高种群基因的多样性。进行变异操作时，在染色体上随机选取变异点，例如变异图4.5中染色体的位置6和位置7，交换位置6和位置7所代表的二级制造任务，同时交换两位置所代表的二级制造任务对应的资源编号。

第 4 章 基于云制造任务变化的资源动态调度建模与仿真

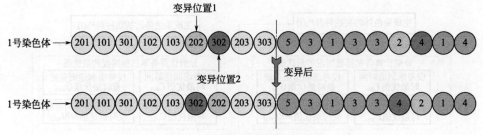

图 4.5 染色体变异操作示意图

综上所述，可得到调度全阶段流程如图 4.6 所示。

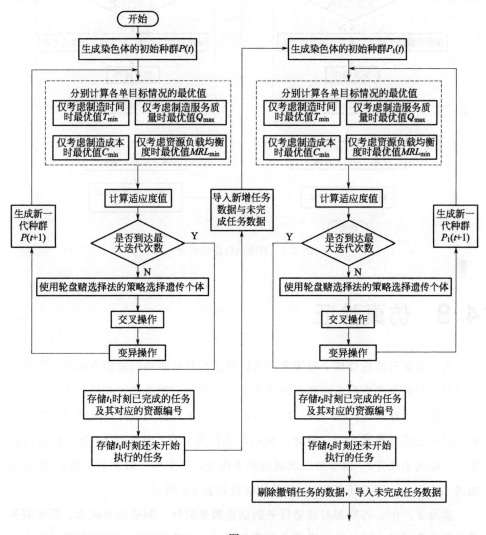

图 4.6

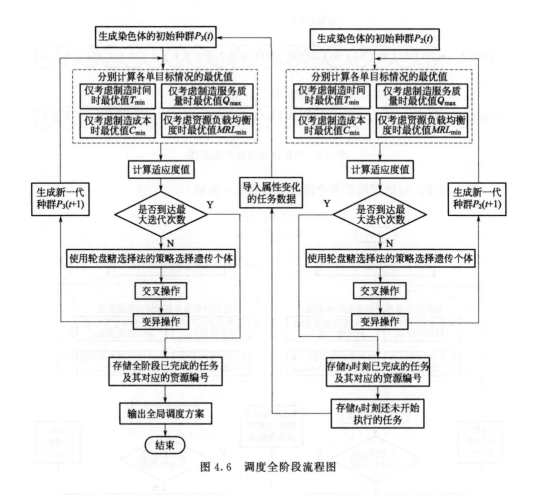

图 4.6 调度全阶段流程图

4.8 仿真验证

为了验证云制造环境下基于多层编码的遗传算法解决问题的有效性，模拟不同时刻云制造服务平台中出现不同任务变化情况，云制造调度系统智能响应。初始制造任务集 $H_1 = \{F_1, F_2, \cdots, F_i, \cdots, F_n\}$ 中包含 8 种类型的一级制造任务且每种一级制造任务数量为 2，因此，初始制造任务集 H_1 中共有 16 个一级制造任务，一级制造任务 F_i 由 5 种二级制造任务构成，各类型一级制造任务 F_i 的结构如图 4.7 所示，制造任务集 H_1 的具体信息如表 4-6 所示。

实际生产中，各资源对制造任务的制造服务时间、制造服务成本、资源服务质量等参数是动态变化的，受诸多因素的影响，且不同的资源其数据的计算方式各异，计算过程比较复杂。本章综合大量文献对数据处理，消除各指标之间单位和数量级上的差别，以便于适应度值的计算。云制造服务平台中的可供选择资源的服务加工能力信息见附表1，不同资源间物流时间见附表2，物流成本见附表3，一级制造任务F_i经任务分解后形成二级制造任务F_{ij}，二级制造任务F_{ij}的候选资源数据见附表4。设置三个任务变化时间点分别为$t_1=20h$，$t_2=50h$，$t_3=70h$。在$t_1=20h$时制造任务$G=\{F_{n+1},F_{n+2},\cdots,F_{n+r}\}$到达云制造服务平台，此时制造任务集$H_1=\{F_1,F_2,\cdots,F_i,\cdots,F_n\}$在$t_1=20h$未开始的任务所构成的制造任务集$H_{unfinished}^1$与新增的制造任务集$G$构成制造任务集$H_2=\{H_{unfinished}^1,G\}$，云制造服务平台针对制造任务集$H_2=\{H_{unfinished}^1,G\}$继续进行调度。制造任务集$G=\{F_{n+1},F_{n+2},\cdots,F_{n+r}\}$由8种类型的任务构成且每种类型的任务数量为1，制造任务集G中的任务数量为8，制造任务集G的相关信息如表4-7所示；$t_2=50h$时对制造任务集$H_2=\{H_{unfinished}^1,G\}$中的任务21、23进行撤销，$t_2=50h$时制造任务集$H_2=\{H_{unfinished}^1,G\}$中部分任务已经完成，剩余未开始的任务构成新的制造任务集$H_3=\{H_{unfinished}^2\}$，云制造服务平台针对制造任务集$H_3=\{H_{unfinished}^2\}$继续进行资源调度；当$t_2=70h$时，改变任务17的优先级，使任务17优先完成，在$t_2=70h$时，制造任务集$H_3=\{H_{unfinished}^2\}$中部分任务已经完成，剩余未开始的任务构成新的制造任务集$H_4=\{H_{unfinished}^3\}$，云制造服务平台针对制造任务集$H_4=\{H_{unfinished}^3\}$继续进行调度，最后完成整体调度。

表 4-6 制造任务集H_1的任务类型及二级制造任务类型

一级制造任务	一级制造任务数量	二级制造任务类型				
		第一个二级制造任务	第二个二级制造任务	第三个二级制造任务	第四个二级制造任务	第五个二级制造任务
Task-JLCH20181110	2	2	3	5	4	1
Task-JLCH20181111	2	1	3	4	5	2
Task-JLCH20181112	2	3	4	1	2	5
Task-JLCH20181113	2	4	2	1	5	3
Task-JLCH20181114	2	5	3	2	1	4
Task-JLCH20181115	2	1	4	2	3	5
Task-JLCH20181116	2	2	5	1	4	3
Task-JLCH20181117	2	3	2	4	5	1

本节研究的8种类型的制造任务结构类型如图4.7所示。Task-JLCH

20181110是第一种一级制造任务的名称，数字"1""2""3""4""5"表示二级制造任务的任务类型，"→"表示二级制造任务的服务顺序，"2→3→5→4→1"表示第二种类型二级制造任务首先被服务，其次是第三种类型的子任务，其他类型的一级制造任务的情况依此类推。

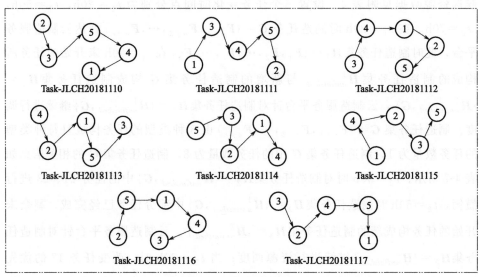

图 4.7　各类型任务结构图

表 4-7　制造任务集 G 的任务类型及二级制造任务类型

一级制造任务	一级制造任务数量	二级制造任务类型				
		第一个二级制造任务	第二个二级制造任务	第三个二级制造任务	第四个二级制造任务	第五个二级制造任务
Task-JLCH20181110	1	2	3	5	4	1
Task-JLCH20181111	1	1	3	4	5	2
Task-JLCH20181112	1	3	4	1	2	5
Task-JLCH20181113	1	4	2	1	5	3
Task-JLCH20181114	1	5	3	2	1	4
Task-JLCH20181115	1	1	2	3	5	4
Task-JLCH20181116	1	2	5	1	4	3
Task-JLCH20181117	1	3	2	4	5	1

根据本章创建的调度模型，结合多层编码的遗传算法，采用 Matlab 编程进行运算，全过程最大遗传进化代数为 7000。0～20h，云制造平台中无任何干扰阶段，算法迭代次数为 2000；20～50h，增加新任务阶段，算法迭代次数为

2000；50～70h，任务发生撤销阶段，算法迭代次数为 2000；70h 至调度完成，任务属性变化阶段，算法迭代次数为 1000。每代保留 10% 的个体进入子代，故代沟取 0.9，总制造服务时间权重为 0.4168，总制造服务成本权重为 0.2694，平均制造服务质量权重为 0.1928，资源间负载均衡度权重为 0.1210，最晚交货期 T_{max} 设置为 240，最高服务成本 C_{max} 设置为 4000，规定的最低平均服务质量 Q_{min} 为 90。

具体实施步骤如下：

步骤 1 初始化种群参数，设定初始种群数量 $N_p = 300$，代沟为 0.9，交叉概率 $P_c = 0.9$，变异概率 $P_m = 0.1$；

步骤 2 计算单独考虑总制造服务时间（T）时总制造服务时间的最小值 T_{min}，单独考虑总制造服务成本 C 时制造服务成本的最小值 C_{min}，单独考虑平均制造服务质量 Q 时平均服务质量的最大值 Q_{max}，单独考虑资源间负载均衡度 MRL 时资源间负载均衡度的最小值 MRL_{min}，将各目标进行归一化处理得到归一化后的适应度函数，计算种群中个体的适应度函数值；

步骤 3 采用轮盘赌选择法从种群中选择适应度较好的染色体；

步骤 4 进行交叉变异操作，从种群中随机选取两个染色体，并取出每个染色体的前 $\sum_{i=1}^{n} k_i$ 位，随机选择交叉位置进行交叉，随机从种群中选取变异个体，然后选择变异位置 pos1 和 pos2，最后把个体中 pos1 和 pos2 位的待服务子任务机器对应的资源号对换；

步骤 5 根据适应度值选择最优个体，若满足收敛条件，则结束返回最优解，否则返回步骤 2；

步骤 6 对最优个体进行解码，转换为调度结果；

步骤 7 保存步骤 6 中在 $t = t_1$ 时刻还未开始的制造任务集 $H^1_{unfinished}$；

步骤 8 对新加入的制造任务集 G 与 $H^1_{unfinished}$ 进行数据处理，然后按照步骤 1～6 进行操作；

步骤 9 对最优个体进行解码，转换为调度结果；

步骤 10 保存步骤 9 中在 $t = t_2$ 时刻还未开始的制造任务集 $H^2_{unfinished}$，并对制造任务 21、23 进行撤销；

步骤 11 对制造任务集 $H^2_{unfinished}$ 进行数据处理，然后按照步骤 1～6 进行操作；

步骤 12 对最优个体进行解码,转换为调度结果;

步骤 13 改变制造任务集 $H_{unfinished}^3$ 中任务 17 的优先级,对制造任务集 $H_{unfinished}^3$ 进行数据处理,初始化种群参数,设定初始种群数量 $N_p=300$,最大遗传代数 $NG=1000$,代沟为 0.9,交叉概率 $P_c=0.9$,变异概率 $P_m=0.1$;然后按照步骤 2~6 进行操作;

步骤 14 输出全局最佳调度结果。

得到调度的甘特图与多目标函数变化曲线如图 4.8、图 4.9 所示,调度结果如表 4-8 所示。

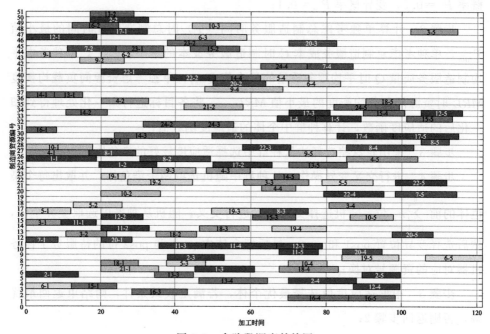

图 4.8 全阶段调度甘特图

调度全局甘特图(图 4.8)中,纵坐标表示资源编号,横坐标表示制造任务的制造时间,甘特图方块的长度代表二级制造任务的加工时间,方块中的字符串代表二级制造任务的编号,如 6-1 表示第 6 个任务的第一个二级制造任务,5-3 代表第 5 个任务的第三个二级制造任务,依此类推。

在时间段 0~20h 间,云制造调度系统未发生扰动,制造任务在各资源点上有序进行,如图 4.8 中制造二级制造任务 1-1,2-1,3-1,4-2,5-1,7-1 等已经制造完成,子任务 3-2,5-2,8-1,9-2 等二级制造任务在 $t_1=20h$ 时正在执行,按照调度规则 8,二级制造任务一旦开始制造,不可中断,直至完成。

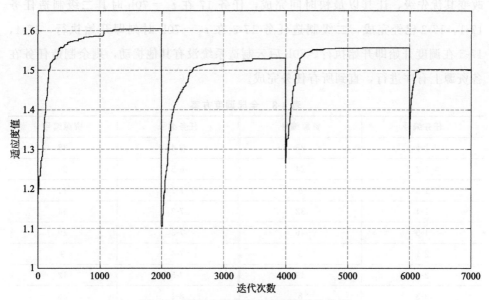

图 4.9 调度全周期适应度函数变化曲线

当 $t_1=20\text{h}$ 时，制造任务集 $G=\{F_{n+1},F_{n+2},\cdots,F_{n+r}\}$ 到达云制造服务平台，在 $t_1=20\text{h}$ 时还未开始执行的任务与制造任务集 $G=\{F_{n+1},F_{n+2},\cdots,F_{n+r}\}$ 构成新的制造任务集合 $H_2=\{H_{unfinished}^1,G\}$，由云制造服务平台根据制造任务集 $H_2=\{H_{unfinished}^1,G\}$ 继续进行调度服务。在时间段 20～50h 之间，云制造调度系统中未发生其他扰动，制造任务在各资源点上有序进行，二级制造任务 2-2，4-2，2-2，10-2，11-2 等已完成，二级制造任务 1-3，2-3，6-3 等在 $t_2=50\text{h}$ 时还未制造完成，同理按规则 8，制造二级制造任务一旦开始制造，不可中断，直至完成；从图 4.8 可知，二级制造任务 17-1，18-1，19-1，20-1 等制造任务集 G 中的任务开始执行。

当 $t_2=50\text{h}$ 时，对任务 21 与 23 进行撤销，从图 4.8 可知，在 $t_2=50\text{h}$ 时刻二级制造任务 21-1，21-2，23-1，23-2 均已完成，撤销的是二级制造任务 21-3，21-4，21-5 与 23-3，23-4，23-5 这 6 个二级制造任务，在时间段 50～70h 之间，云制造调度系统中未发生其他扰动，除撤销的制造任务外剩余任务在各资源点上有序进行，如图 4.8 所示，在 50～70h 之间，二级制造任务 14-4，17-2，20-2 陆续完成，在 $t_3=70\text{h}$ 时二级制造任务 8-3，11-5，12-3，15-3，18-4 等正在执行，同理按规则 8，二级制造任务一旦开始直到执行结束。

$t_3=70\text{h}$ 时，对剩余未完成的制造任务集 $H_4=\{H_{unfinished}^3\}$ 中的制造任务 17

改变其优先级,让其以最快时间完成,任务 17 在 $t_3=70h$ 时其二级制造任务 17-1,17-2 已经完成,二级制造任务 17-3 在 $t_3=70h$ 时刻即开始执行,17-4,17-5 在调度开始即开始执行。70h 后云制造系统没有其他扰动,剩余制造任务在各资源上有序进行,直到所有任务完成。

表 4-8 全局调度方案

任务编号	资源编号	任务编号	资源编号
1-1	25	6-4	38
1-2	24	6-5	20
1-3	6	7-1	11
1-4	32	7-2	44
1-5	46	7-3	29
2-1	5	7-4	9
2-2	49	7-5	12
2-3	8	8-1	26
2-4	17	8-2	25
2-5	19	8-3	16
3-1	14	8-4	27
3-2	12	8-5	34
3-3	21	9-1	43
3-4	41	9-2	42
3-5	35	9-3	23
4-1	26	9-4	37
4-2	35	9-5	21
4-3	23	10-1	27
4-4	20	10-2	19
4-5	25	10-3	48
5-1	16	10-4	19
5-2	17	10-5	15
5-3	7	11-1	14
5-4	39	11-2	13
5-5	40	11-3	10
6-1	3	11-4	10
6-2	43	11-5	9
6-3	46	12-1	46

续表

任务编号	资源编号	任务编号	资源编号
12-2	15	18-4	6
12-3	10	18-5	47
12-4	3	19-1	22
12-5	4	19-2	21
13-1	36	19-3	16
13-2	50	19-4	13
13-3	5	19-5	45
13-4	4	20-1	11
13-5	24	20-2	38
14-1	36	20-3	45
14-2	33	20-4	4
14-3	29	20-5	28
14-4	39	21-1	6
14-5	22	21-2	34
15-1	3	21-3	撤销
15-2	44	21-4	撤销
15-3	15	21-5	撤销
15-4	8	22-1	40
15-5	7	22-2	39
16-1	30	22-3	27
16-2	48	22-4	24
16-3	2	22-5	21
16-4	33	23-1	44
16-5	29	23-2	45
17-1	47	23-3	撤销
17-2	24	23-4	撤销
17-3	8	23-5	撤销
17-4	33	24-1	28
17-5	32	24-2	31
18-1	7	24-3	31
18-2	12	24-4	41
18-3	13	24-5	29

4.9　本章小结

本章主要介绍了云制造任务及云制造资源的信息化描述，对本章研究的任务结构类型进行了描述，介绍了云制造环境下基于制造任务的多目标动态调度的三种影响因素，即新任务加入、任务需求属性变化及任务撤销，给出了在云制造环境下资源动态调度约束的相关概念，最后以任务总制造服务时间、总制造服务成本、制造服务满意度与制造资源负载均衡度为优化目标，建立了多目标优化模型。对云制造环境下基于制造任务变化的动态调度问题进行了模拟仿真，模拟了在云制造调度的全生命周期中出现新增制造任务、制造任务撤销、制造任务属性变化三种情况。首先，通过层次分析法确定了各优化目标的权重；然后，考虑不同的时间点发生不同的干扰事件，并采用基于多层编码的遗传算法进行了仿真实验；最后，模拟调度系统智能处理干扰事件，得到了相应的全局调度方案。

第 5 章

基于资源变化的动态调度建模与仿真

本章主要对云制造环境下制造资源发生变化时的动态调度进行研究。云制造环境下，资源的动态性主要体现在资源属性变化、新资源接入、资源撤出及资源维护。云制造服务中，资源需求方在服务完成后对资源提供方进行综合评价，有些资源综合评价高，其服务属性越来越强，反之一些资源用户评价低，其服务属性会越来越差，在进行下一次云制造服务时，较差的云制造资源会被云制造服务平台筛选掉。同时在云制造调度的全生命周期中，云制造资源状态实时更新，云制造资源会产生较多突发状况，如云制造资源退出云制造服务，云制造资源维修不能参与云制造服务，新资源的接入等。为此需要综合考虑云制造环境下资源的各种突发状况，合理安排资源对云制造任务进行服务。提高云制造系统对资源突发状况的反应能力，提高云制造系统的调度柔性，更加贴近实际生产，为实际生产提供一定的理论指导。

5.1 云制造资源

云制造资源是云制造模式下资源调度的基础，在云制造环境下，资源从定义的角度可分为广义资源和狭义资源。全程参与制造加工过程的设备资源称为狭义的制造资源，广义的制造资源则指的是产品从最初的设计到完成全生命周期中涉及的各种资源的总和。从资源粒度的角度，云制造资源可分为单一功能的资源和复合功能的资源，单一功能的资源具备的能力单一高效，复合功能的资源同时具备多种能力,其综合服务能力强。本节基于复合资源进行云制造环境下资源变化的动态调度研究。

(1) 云制造资源的服务组合

云制造环境下,制造资源的种类繁多,功能属性各异,云制造系统通过资源分类技术实现云制造资源按资源功能或资源粒度的分类,类型不同的资源其功能各异,同一类型的资源其服务同一个制造任务的功能亦不相同。在云制造服务平台中,制造任务往往由多个子任务构成,不同的子任务对资源的需求各异,此时,云制造服务平台通过资源匹配技术实现不同类型资源服务组合,共同完成制造任务。

(2) 云制造资源的动态性分析

云制造资源动态性主要从云制造系统和制造资源自身两个角度进行分析。

① 从云制造系统的角度分析,云制造系统的组成结构复杂,参与者众多,其内部一直处于复杂的动态变化中,因此,云制造系统本身就是一个不断变化的动态系统。云制造系统的动态属性是研究云制造环境下基于资源变化的动态调度的理论基础。

② 从制造资源自身的角度分析,云资源以数据形式存储于云平台,其状态属性随服务进程实时发生变化,或繁忙或空闲或维修等,同时云资源动态地接入和撤出云制造系统亦是云制造资源动态的重要表现形式。

5.2 基于资源变化的动态调度问题描述

云制造环境下,资源以数据形式存储于云制造服务平台中,云制造环境下资源具有分布性、多样性、抽象性、动态性等特点,云制造服务平台中初始任务集合 $U_1 = \{F_1, F_2, \cdots, F_i, \cdots, F_n\}$ 由 n 个任务构成,任务 F_i 可分解为包含 k_i 个不同二级制造任务的集合,即 $F_i = \{F_{i1}, F_{i1}, \cdots, F_{ij}, \cdots, F_{ik_i}\}$,每个二级制造任务 F_{ij} 有多个候选制造资源,二级制造任务可随机在候选资源上执行。初始资源集 $E^1 = \{E_1, E_2, \cdots, E_i, \cdots, E_l\}$,由于资源属性区别,同类型的资源服务相同的任务,其可靠度及服务效率、服务时间、成本均会有差异。不同的资源可能属于不同的企业,故资源与资源之间的物理距离会导致二级制造任务在执行过程中产生相应的物流时间和物流成本。云制造环境下,资源的动态调度是将制造过程看成动态过程，资源调度的全周期中会有多种不同的扰动因素，本章主要针对云制造环境下基于资源变化的动态调度进行研究，资源的动态性主要体现在以下方面。

(1) 资源属性变化

云制造资源以网络数据的形式存储于云制造平台，不同类型的资源对应不同的加工任务，资源的状态实时更新。云制造资源在服务完成后，用户对该云制造资源的服务进行综合评价，资源综合评价好，资源的服务属性会变强，反之则变弱。在初始时刻 t_0，制造任务集 $U_1 = \{F_1, F_2, \cdots, F_i, \cdots, F_n\}$ 中各类任务在不同资源节点上进行有序的服务，在云制造服务制造周期的 t_1 时刻，云制造平台中 $E_1, E_2, \cdots, E_i$ 等资源的综合服务能力发生变化，属性变化后的资源用 E_1^*，$E_2^*, \cdots, E_i^*$ 表示，则资源集由初始资源集 E^1 更新为 E^2，$E^2 = \{E_1^*, E_2^*, \cdots, E_i^*, \cdots, E_l\}$，在 t_1 时刻制造任务集 $U_1 = \{F_1, F_2, \cdots, F_i, \cdots, F_n\}$ 中还未开始的制造任务形成新的制造任务集 $U_2 = \{U_{unfinished}^1\}$，云制造服务平台针对制造任务集 $U_2 = \{U_{unfinished}^1\}$ 根据资源属性更新后的资源集 $E^2 = \{E_1^*, E_2^*, \cdots, E_i^*, \cdots, E_l\}$ 生成新的服务于制造任务集 U_2 的调度方案。

(2) 新资源接入

云制造资源具有分布性、多样性、抽象性、动态性和异构性等特点，在资源调度全生命周期的 t_2 时刻，云制造服务平台中接入 $E_{l+1}, E_{l+2}, \cdots, E_{l+c}$ 等新资源，在 t_2 时刻还未完成的任务形成新的制造任务集 $U_3 = \{U_{unfinished}^2\}$，云制造服务平台按新接入的资源 $E_{l+1}, E_{l+2}, \cdots, E_{l+i}$ 与资源集 $E^2 = \{E_1^*, E_2^*, \cdots, E_i^*, \cdots, E_l\}$ 构成新的资源集 $E^3 = \{E_1^*, E_2^*, \cdots, E_i^*, \cdots, E_l, E_{l+1}, E_{l+2}, \cdots, E_{l+c}\}$，并服务于制造任务集 $U_3 = \{U_{unfinished}^2\}$，继续进行调度服务。

(3) 资源维护

云制造服务加工过程中，第三阶段制造任务集 $U_3 = \{U_{unfinished}^2\}$ 中各类任务在云制造服务平台的安排下，在资源集 $E^3 = \{E_1^*, E_2^*, \cdots, E_i^*, \cdots, E_l, E_{l+1}, E_{l+2}, \cdots, E_{l+c}\}$ 上有序地服务，在云制造服务制造周期的 t_3 时刻，云制造平台中 $E_b, E_{b+1}, \cdots, E_{b+q}$ 等资源发生故障进行维修，撤出此次云制造服务，云制造平台中资源集合由 E^3 更新为 E^4，不同的资源其维修时间长短不一样，因此，后续重新接入云平台的时间也不相同。$U_3 = \{U_{unfinished}^2\}$ 中在 t_3 时刻未完成的任务构成新的制造任务集 $U_4 = \{U_{unfinished}^3\}$，云制造服务平台根据更新后的资源 E^4 对任务集 U_4 继续进行调度服务。

(4) 资源撤销

云制造服务加工过程中，第四阶段任务集U_4中各类任务在云制造服务平台的统一调配下，在不同资源节点上进行有序的服务，制造任务的执行进程到t_4时刻，云制造平台中$E_p,E_{p+1},\cdots,E_{p+w}$等资源发生故障撤出此次云制造服务，云制造服务平台中的资源集合由E^4更新为E^5，撤销的资源后续不再参与调度服务，第四阶段任务集U_4在t_4时刻未完成的任务构成新的制造任务集$U_5=\{U_{unfinished}^4\}$，云制造服务平台根据更新后的资源E^5对任务集合U_5继续进行调度服务。

为便于分析，本节给出如下调度规则。

规则1 每个制造资源能独立完成一个或几个二级制造任务，同一个二级制造任务在同一时刻不可被不同制造资源加工；

规则2 一级制造任务分解后形成二级制造任务，二级制造任务为最小待服务单元；

规则3 二级制造任务F_{ij}与下一个二级制造任务$F_{i(j+1)}$在不同制造资源之间加工制造会产生一定的物流成本、物流时间；

规则4 任务的服务方式是按二级制造任务前后次序有序地接受服务，后一个二级制造任务的开始时间不小于前一个二级制造任务结束时间与两个二级制造任务所选资源之间的物流时间之和；

规则5 不同资源之间的物流成本、物流时间与物流距离成正比；

规则6 不同类型的一级制造任务执行优先级相同；

规则7 在零时刻所有云制造资源均可用；

规则8 二级制造任务F_{ij}开始加工直至其制造服务完成，期间不可中断。

5.3 基于资源变化的动态调度数学模型

5.3.1 数学符号及其描述

基于资源变化的动态调度模型相关物理量定义如表5-1所示。本节以制造任务总制造服务时间（T）、总制造服务成本（C）、制造资源平均服务效率（E）、制造资源平均可靠度（Rel）为优化目标，x_{ijp}为决策变量，如式(5-1)所示：

第 5 章 基于资源变化的动态调度建模与仿真

$$x_{ijp} = \begin{cases} 1 & \text{资源 } p \text{ 服务于二级制造任务} F_{ij} \\ 0 & \text{否则} \end{cases} \quad (5\text{-}1)$$

表 5-1 模型相关物理量定义

物理量	代表意义
T	总制造服务时间
C	总制造服务成本
E	制造资源平均服务效率
Rel	制造资源平均可靠度
$T_{\max}$	用户规定最晚交货期
$C_{\max}$	用户规定最高服务成本
$E_{\min}$	用户规定最低平均服务效率
$Rel_{\min}$	用户规定最低资源平均可靠度
n	任务总数
F_i	第 i 个一级制造任务
F_{ij}	第 i 个一级制造任务的第 j 个二级制造任务
k_i	第 i 个一级制造任务的二级制造任务数
x_{ijp}	决策量(资源 p 是否处于加工状态)
t_{ijp}	二级制造任务 F_{ij} 在资源 p 上的服务加工时间
t'_{ijp}	二级制造任务 F_{ij} 在资源 p 上的物流时间
c_{ijp}	二级制造任务 F_{ij} 在资源 p 上的服务加工成本
c''_{ijp}	二级制造任务 F_{ij} 在资源 p 上的运输成本
m_{ij}	二级制造任务 F_{ij} 的候选资源数

5.3.2 优化目标

(1) 总制造服务时间目标函数

总制造服务时间是指从制造服务开始到最后一个二级制造任务完成所用时间。总制造服务时间的目标函数表达式为：

$$T = \max\{T_{ij\_end} \mid i = 1, 2, \cdots, n; j = 1, 2, \cdots, k_i\} \quad (5\text{-}2)$$

式中，T_{ij_end} 表示一级制造任务 F_i 的最后一个二级制造任务的完成时间。

(2) 总制造服务成本目标函数

制造服务成本包括制造二级制造任务 F_{ij} 的制造加工成本、二级制造任务 F_{ij} 与下一个二级制造任务 $F_{i(j+1)}$ 在不同服务资源之间的物流成本。在云制造环境下,资源调度中云制造服务平台给用户提供的制造资源应满足总制造服务成本最低。总制造服务成本的目标函数表达式为:

$$C = \sum_{i=1}^{n}\sum_{j=1}^{k_i}\sum_{p=1}^{m_{ij}} x_{ijp}(c_{ijp}+c'_{ijp}) \tag{5-3}$$

式中,c_{ijp} 表示二级制造任务 F_{ij} 在资源 p 上的加工成本;c'_{ijp} 表示二级制造任务 F_{ij} 与 $F_{i(j+1)}$ 之间的物流成本。

(3) 制造资源平均可靠度目标函数

云制造环境下资源的可靠度是资源的自身属性,是用户对资源服务质量可靠度和服务时间可靠度的综合评价。资源的可靠度随资源不断参与制造服务,用户不断对资源的可靠度进行评价动态更新。制造资源可靠度目标函数表达式为:

$$Rel_{ijp} = \varphi_1 Rel^q_{ijp} + \varphi_2 Rel^t_{ijp} \tag{5-4}$$

$$Rel = \frac{\sum_{i=1}^{n}\sum_{j=1}^{k_i}\sum_{p=1}^{m_{ij}} x_{ijp} Rel_{ijp}}{nk_i} \tag{5-5}$$

式中,可靠度 Rel_{ijp} 表示资源 p 在规定时间内以一定的服务质量完成二级制造任务 F_{ij} 的能力;Rel^q_{ijp} 表示资源 p 服务二级制造任务 F_{ij} 时服务质量可靠度;Rel^t_{ijp} 表示资源 p 服务二级制造任务 F_{ij} 时服务时间可靠度;$\varphi_1 = \varphi_2 = 0.5$。

(4) 制造资源平均服务效率目标函数

云制造环境下,资源提供方的综合实力、设备服务能力、计算能力、制造能力、分析能力等都会对资源的服务效率产生影响,不同的资源服务于相同的任务,其服务效率亦会不同,平均制造资源服务效率目标函数表达式为:

$$E = \frac{\sum_{i=1}^{n}\sum_{j=1}^{k_i}\sum_{p=1}^{m_{ij}} x_{ijp} E_{ijp}}{nk_i} \tag{5-6}$$

式中,E_{ijp} 表示资源 p 在服务二级制造任务 F_{ij} 时的效率。

综上所述,云制造环境下基于资源变化的动态调度多目标函数表达为:

$$F(x) = (f_1(x), f_2(x), f_3(x), f_4(x)) = (\min T, \min C, \max E, \max Rel) \tag{5-7}$$

式中，$f_1(x)$ 表示总制造服务时间目标函数；$f_2(x)$ 总制造服务成本目标函数；$f_3(x)$ 表示制造资源平均可靠度目标函数；$f_4(x)$ 表示制造资源平均服务效率目标函数。

5.3.3 约束条件

(1) 总制造服务时间约束

每个任务的执行时间不可超过用户规定的最大完成时间，即：

$$T = \max(T_{ij\_end}) \leqslant T_{\max} \quad (i=1,2,\cdots,n; j=1,2,\cdots,k_i) \tag{5-8}$$

式中，T 表示制造任务总的制造时间；$T_{\max}$ 表示用户规定的最晚交货期。

(2) 总制造服务成本约束

总制造服务成本不能超过用户预算，即：

$$C = \sum_{i=1}^{n}\sum_{j=1}^{k_i}\sum_{p=1}^{m_{ij}} x_{ijp}(c_{ijp} + c'_{ijp}) \leqslant C_{\max} \tag{5-9}$$

式中，$C_{\max}$ 表示用户的预算成本。

(3) 资源平均可靠度约束

$$Rel = \frac{\sum_{i=1}^{n}\sum_{j=1}^{k_i}\sum_{p=1}^{m_{ij}} x_{ijp} Rel_{ijp}}{nk_i} \geqslant Rel_{\min} \tag{5-10}$$

(4) 制造资源平均服务效率约束

$$E = \frac{\sum_{i=1}^{n}\sum_{j=1}^{k_i}\sum_{p=1}^{m_{ij}} x_{ijp} E_{ijp}}{nk_i} \geqslant E_{\min} \tag{5-11}$$

(5) 二级制造任务加工时序约束

任务的服务方式是按二级制造任务顺序接受服务，后置二级制造任务的服务开始时间不小于前置二级制造任务的任务结束时间与物流时间之和，即：

$$\max(t_{end_{ij}} + t'_{end_{ij}}) \leqslant t_{start_{i(j+1)}} \tag{5-12}$$

式中，$t_{end_{ij}}$ 表示二级制造任务 F_{ij} 的完成时间；$t'_{end_{ij}}$ 表示二级制造任务 F_{ij} 与二级制造任务 $F_{i(j+1)}$ 所在资源之间的物流时间；$t_{start_{i(j+1)}}$ 表示二级制造任务 $F_{i(j+1)}$ 的任务开始时间。

(6) 子任务的粒度约束

任务分解后形成的二级制造任务为加工最小单元粒度，每个制造资源能独立完成一种或几种类型二级制造任务，同一个二级制造任务在同一时刻不可被不同制造资源加工，即：

$$\sum_{p=1}^{m_{ij}} x_{ijp} = 1 \tag{5-13}$$

5.4 粒子群优化算法

粒子群优化（particle swarm optimization，PSO）算法，简称粒子群算法，是计算智能领域除蚁群算法、鱼群算法之外的一种群体智能优化算法。PSO算法是从生物群行为特征中得到启发并用于求解优化问题的，算法中每个粒子都代表问题的一个潜在解，每个粒子对应一个由适应度函数决定的适应度值。粒子的速度决定了粒子移动的方向和距离，速度随自身及其他粒子的移动经验进行动态调整，从而实现个体在可行解空间中寻优。

5.4.1 粒子群算法基本原理

PSO算法首先在可行解的范围内初始化一群粒子，每个粒子都代表极值优化问题的一个潜在最优解，用位置、速度和适应度值三项指标表示该粒子的特征，适应度值由适应度函数计算得到，其值的好坏表示粒子的优劣。粒子在解空间中运动，通过跟踪个体极值和群体极值更新个体位置。个体极值是指个体粒子搜索到的适应度最优位置，群体极值是指种群中所有粒子搜索到的最优位置，粒子每更新一次位置，就计算一次适应度值，并且通过比较新粒子的适应度值和个体极值、群体极值的适应度更新个体极值和群体极值位置。

假设在一个 D 维的搜索空间中，由 q 个粒子组成种群 $\boldsymbol{X} = (\boldsymbol{X}_1, \boldsymbol{X}_2, \cdots, \boldsymbol{X}_q)$，其中第 l 个粒子表示为一个 D 维的向量 $\boldsymbol{X}_l = (X_{l1}, X_{l2}, \cdots, X_{lD})^\mathrm{T}$。根据目标函数即可计算出每个粒子位置 $\boldsymbol{X}_l$ 对应的适应度值。第 l 个粒子的速度 $\boldsymbol{V}_l = (V_{l1}, V_{l2}, \cdots, V_{lD})^\mathrm{T}$，其个体极值为 $\boldsymbol{P}_l = (P_{l1}, P_{l2}, \cdots, P_{lD})^\mathrm{T}$，种群的群体极值为 $\boldsymbol{P}_g = (P_{g1}, P_{g2}, \cdots, P_{gD})^\mathrm{T}$。在每次迭代过程中，粒子通过个体极值和群体极值更新自身的速度和位置，即

$$V_{ld}^{f+1} = \omega V_{ld}^f + c_1 r_1 (P_{ld}^f - X_{ld}^f) + c_2 r_2 (P_{gd}^f - X_{ld}^f) \tag{5-14}$$

$$X_{ld}^{f+1} = X_{ld}^f + V_{ld}^{f+1} \tag{5-15}$$

式中，ω 表示惯性权重；$d=1,2,\cdots,D$；$l=1,2,\cdots,q$；f 表示当前迭代次数；V_{ld} 表示粒子速度；c_1，c_2 为非负常数，称为加速因子；r_1，r_2 是分布于 [0，1] 区间的随机数。

为防止粒子的盲目搜索，一般将粒子的位置和速度限制在一定的区间 $[-X_{\max}, X_{\max}]$、$[-V_{\max}, V_{\max}]$。

5.4.2 粒子群算法流程及步骤

根据粒子群算法基本原理可以得到算法基本流程，如图 5.1 所示。

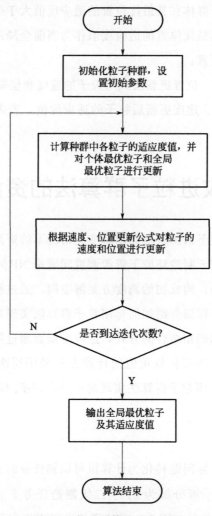

图 5.1 粒子群算法基本流程

算法的主要步骤如下：

步骤 1　对算法中各类参数进行设置，对粒子的初始位置和初始速度进行随机初始化；

步骤 2　计算每个粒子的适应度值；

步骤 3　对于不同的粒子，其在搜索过程中会经过一个最好的位置，将当前位置的适应度值与其在最好位置的适应度值进行比较，若当前位置粒子的适应度值优于历史最好位置粒子的适应度值，则将当前位置粒子的适应度值作为个体历史最优适应度值，同时用粒子当前位置更新粒子历史最优位置；

步骤 4　比较个体粒子的历史最佳适应度值与粒子群体在其最优位置处的适应度值的大小，若粒子群体在其最优位置的适应度值大于个体粒子的最佳适应度值，则将粒子群体在其最优位置的适应度值作为当前全局最优的适应度值，位置作为当前粒子的最优位置；

步骤 5　根据速度、位置更新公式对粒子的速度和位置进行更新操作；

步骤 6　计算位置、速度更新后粒子的适应度值，若未达到终止条件，则返回步骤 2。

5.5　基于改进粒子群算法的资源动态调度

为实现云制造环境下云制造资源动态变化情况下的资源调度，分析资源的各类变化情况，然后根据云制造环境下资源调度问题是 NP 问题的特点，对待服务的任务和资源进行编码，构成初始调度方案解空间，通过粒子群算法实现对该调度问题的求解。本节将详细介绍如何运用粒子群算法实现对该问题的求解，编码采用实数编码与整数编码相结合的方式，适应度函数通过第 4 章模型可知，并且采用线性加权的模式，各指标权重值的计算方式采用层次分析法求解，最后在 Matlab 2016a 环境下采用粒子群算法实现对该动态调度问题的求解。

5.5.1　编码

编码的目的是将实际问题转化为计算机可识别任务的方式，结合调度问题的特点，一级制造任务 F_i 可分解为 k_i 个二级制造任务 F_{ij}，每个二级制造任务 F_{ij} 可由多个制造资源执行，因此，对粒子的编码采用实数编码和整数编码相结合的方式。例如，有 n 个一级制造任务，每个一级制造任务 F_i 可分解为 k_i 个二级制造任务 F_{ij}，对粒子编码共分为三层，粒子的第一层为二级制造任务层，通过取 $1\sim n$ 之间的整数对其赋值，第一层可表示为 [1 1 1 1 1 2 2 2 2 2]，即表示编号为 1 的一级制造任务由 5 个二级制造任务构成，第二层为二级任务执行顺序层，初始通过赋 [0，1] 之间的随机实数完成，可表示为 [0.3 0.4 0.5 0.2 0.6 0.7 0.42 0.53 0.62 0.27]，任务的执行顺序按第二层编码随机数的大小升序排列，进行有序制造；第三层为每个二级制造任务对应分配的加工资源编号层，可表示为 [1 3 5 2 4 3 1 2 4 3]；最后粒子的编码可表示为：

$$X_i = \begin{bmatrix} 1 & 1 & 1 & 1 & 1 & 2 & 2 & 2 & 2 & 2; \\ 0.3 & 0.4 & 0.5 & 0.2 & 0.6 & 0.7 & 0.42 & 0.53 & 0.62 & 0.27; \\ 1 & 3 & 5 & 2 & 4 & 3 & 1 & 2 & 4 & 3; \end{bmatrix}$$

5.5.2 适应度函数构造

适应度函数是算法寻优的标尺，粒子适应度函数的值反映调度方案的优劣，适应度函数的值越大，粒子越接近最优调度方案。云制造环境下资源调度问题的本质是 NP-hard 问题，只能对问题进行优化，接近最优解。根据待优化的目标对云制造环境下资源调度问题进行多目标优化，选择相关约束条件下的最佳调度方案。本节采用线性加权的方式构造单目标函数，构造的适应度值函数表达式为：

$$fitness(x) = \frac{1}{W_1 \dfrac{T - T_{\min}}{T_{\min}} + W_2 \dfrac{C - C_{\min}}{C_{\min}} - W_3 \dfrac{E - E_{\max}}{E_{\max}} - W_4 \dfrac{Rel - Rel_{\max}}{Rel_{\max}}}$$

(5-16)

式中，W_1、W_2、W_3、W_4 表示总制造服务时间、总制造服务成本、制造资源平均服务效率、制造资源平均可靠度的权重值；$T_{\min}$ 表示单独考虑制造服务时间时制造服务时间的最小值；$C_{\min}$ 表示单独考虑制造服务成本时的最小服务成本；$E_{\max}$ 表示单独考虑平均制造服务效率时的最高制造服务效率；$Rel_{\max}$ 表示单独考虑平均资源可靠度时平均资源可靠度的最大值。

由层次分析法确定 W_1、W_2、W_3、W_4 的值，假定总制造服务时间与总制造服务成本同等重要，总制造服务时间较制造资源平均服务效率稍微重要、较制造资源平均可靠度稍微重要，制造资源平均服务效率与制造资源平均可靠度同等重要，按 1~9 标度构造初始判断矩阵及归一化后的矩阵 $\overline{\boldsymbol{B}}$，分别如表 5-2、表 5-3 所示。

表 5-2 目标层初始判断矩阵各元素

参数	T	C	Rel	E
T	1	1	2	2
C	1	1	2	2
Rel	1/2	1/2	1	1
E	1/2	1/2	1	1

表 5-3 归一化后的标准矩阵 $\overline{\boldsymbol{B}}$ 各元素

参数	T	C	Rel	E
T	0.333	0.333	0.333	0.333
C	0.333	0.333	0.333	0.333
Rel	0.167	0.167	0.167	0.167
E	0.167	0.167	0.167	0.167

根据权重计算步骤，首先对归一化后的矩阵 $\overline{\boldsymbol{B}}$ 按行元素相加，并做归一化处理，得到权向量 $\boldsymbol{W}=[0.333,0.333,0.167,0.167]^{\mathrm{T}}$，计算得 $\lambda_{\max}=4$，进行一致性检验，由 $CI=0<0.1$ 判断矩阵具有完全一致性且满足一致性检验，故本节所求权重合理。权重为 $\boldsymbol{W}=[0.333,0.333,0.167,0.167]^{\mathrm{T}}$。

5.5.3 粒子位置与速度更新

粒子速度与位置更新操作是粒子群算法的核心步骤之一，是粒子进行更新生成新一代粒子的操作，通过记录粒子个体最优值与种群最优值完成粒子的速度、位置更新，同时完成任务执行顺序层和资源层的更新。通过任务执行顺序层和资源层的更新对应生成新的任务执行顺序，并计算新的任务执行顺序所对应的适应度函数值。适应度值是粒子在哪个位置对应的调度方案较优的判断准则，适应度值越大，粒子所代表的调度方案越优，粒子的速度与位置更新按以下公式进行计算，其中 ω 表示惯性权重，c_1、c_2 表示加速因子，r_1、r_2 是随机数。

$$V_{ld}^{f+1}=\omega V_{ld}^{f}+c_1 r_1(P_{ld}^{f}-X_{ld}^{f})+c_2 r_2(P_{gd}^{f}-X_{ld}^{f}) \tag{5-17}$$

$$X_{ld}^{f+1}=X_{ld}^{f}+V_{ld}^{f+1} \tag{5-18}$$

5.5.4 粒子群算法的改进

粒子群算法中粒子依靠速度、位置的更新来更新种群，较大的惯性权重值让粒子每次进行更新时具有较大的速度，能让粒子最大范围遍历搜索解空间，但粒子速度过大，在下一次粒子更新时，可能会穿过最优解的位置，而当惯性权重过小时，粒子每次速度更新的差异比较小，容易让粒子陷入局部搜索空间，因此，惯性权重采用线性权重的形式，即惯性权重 ω 线性变化。

$$\omega = \omega_{\max} - \frac{\omega_{\max} - \omega_{\min}}{\max\text{-}ITER} \times f \tag{5-19}$$

式中，max-ITER 表示最大迭代次数；$\omega_{\max}$，$\omega_{\min}$ 表示惯性权重 ω 的最大值与最小值；f 表示当前迭代次数。

综上所述，绘制基于资源变化的动态调度全阶段流程图，如图 5.2 所示。

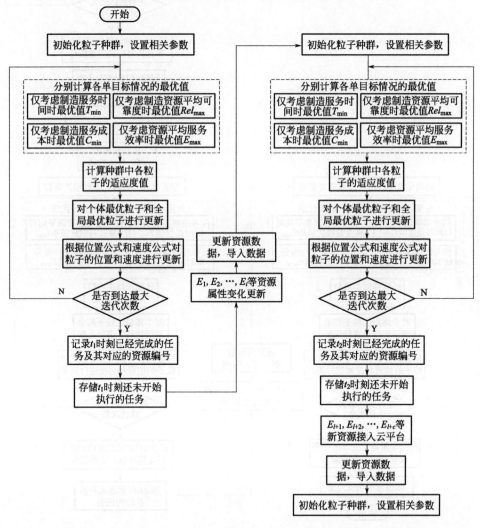

图 5.2

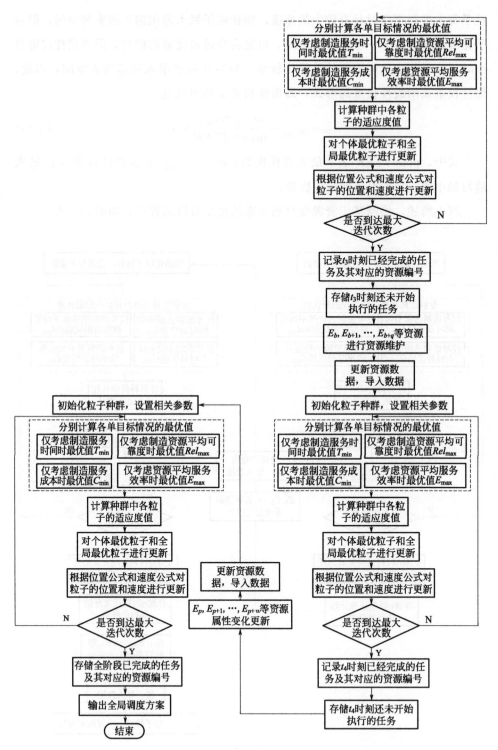

图 5.2 调度全阶段流程图

5.6 仿真分析

本节模拟云制造服务平台对待执行制造任务集 U 中各类任务进行执行，制造任务集 U 由 8 种类型的一级制造任务构成，且每种类型的一级制造任务数量为 5，每个一级制造任务由 5 个二级制造任务构成，故一级制造任务总数为 40，二级制造任务总数为 200。交货截止时间 T_{max} 设置为 240，最高服务成本 C_{max} 设置为 7500，最低服务效率 E_{min} 设置为 0.60，最低平均资源可靠度 Rel_{min} 设置为 90。制造任务集 U 相关信息见表 5-4；在云制造服务平台中，初始 50 组可供选择的资源信息见附表 5，各资源可靠度数据见附表 6，相关资源属性改变后的数据见附表 7，新增资源相关数据见附表 8。设 $t_1=30h$ 时，5 号、12 号、20 号、27 号制造资源属性发生改变；$t_2=70h$ 时，51 号、52 号、53 号、54 号、55 号资源新接入云制造服务平台；$t_3=90h$ 时，8 号、15 号、23 号、35 号资源进行维修，其维修时间分别为 20h、30h、45h、50h；$t_4=110h$ 时，7 号、19 号、26 号、37 号、44 号资源撤出云制造服务平台。

表 5-4 制造任务集 U 的任务类型及二级制造任务类型

一级制造任务	任务数量	二级制造任务类型				
		第一个二级制造任务	第二个二级制造任务	第三个二级制造任务	第四个二级制造任务	第五个二级制造任务
Task-JLCH20181110	5	2	3	5	4	1
Task-JLCH20181111	5	1	3	4	5	2
Task-JLCH20181112	5	3	4	1	2	5
Task-JLCH20181113	5	4	2	1	5	3
Task-JLCH20181114	5	5	3	2	1	4
Task-JLCH20181115	5	1	4	2	3	5
Task-JLCH20181116	5	2	5	1	4	3
Task-JLCH20181117	5	3	2	4	5	1

根据创建的调度模型，结合改进粒子群算法，采用 Matlab 2016a 编程进行运算，全阶段迭代次数为 2500 次，部分资源属性变化阶段迭代 500 次，新资源接入阶段迭代 500 次，部分资源维修阶段迭代 500 次，部分资源撤销阶段迭代 500 次。具体实施流程如下。

步骤1　初始化参数设置：种群个体数目为200，粒子最大速度$V_{max}=2$，最小速度$V_{min}=-2$，加速因子$c_1=2$，$c_2=2$，最大惯性权重$w_{max}=0.9$，最小惯性权重$w_{min}=0.4$。

步骤2　单独考虑总制造服务时间（T）时，计算总制造服务时间的最小值（T_{min}）；单独考虑总制造服务成本（C）时，计算总制造服务成本的最小值（C_{min}）；单独考虑资源平均可靠度（Rel）时，计算制造资源平均可靠度的最大值（Rel_{max}）；单独考虑资源平均效率（E）时，计算制造资源平均服务效率的最小值（E_{max}）。将各目标进行归一化处理得到归一化后的适应度函数，计算种群中个体的适应度函数值。

步骤3　对于不同的粒子，其在搜索过程中会经过一个最好的位置，将当前位置的适应度值与其在最好位置的适应度值进行比较，若当前位置粒子的适应度值优于历史最好位置粒子的适应度值，则将当前位置粒子的适应度值作为个体历史最优适应度值，同时用粒子当前位置更新粒子历史最优位置。

步骤4　比较个体粒子的历史最佳适应度值与粒子群体在其最优位置处的适应度值的大小，若粒子群体在其全局最优位置处的适应度值大于个体粒子的最优适应度值，则将粒子群体在其全局最优位置处的适应度值作为当前全局最优的适应度值，位置作为当前粒子的最优位置。

步骤5　根据速度、位置更新公式对粒子的速度和位置进行更新操作。

步骤6　计算位置、速度更新后粒子的适应度值，若未满足终止条件，则继续步骤2操作。

步骤7　对最优个体进行解码，转换为调度结果。

步骤8　保存步骤7中在$t=t_1$时刻还未开始的制造任务集$U^1_{unfinished}$，更新$t=t_1$时的资源数据。

步骤9　对制造任务集$U^1_{unfinished}$进行数据处理，继续步骤1~步骤6。

步骤10　对最优个体进行解码，转换为调度结果。

步骤11　保存步骤10中在$t=t_2$时刻还未开始的制造任务集$U^2_{unfinished}$，更新$t=t_2$时的资源数据。

步骤12　对制造任务集$U^2_{unfinished}$进行数据处理，继续步骤1~步骤6。

步骤13　对最优个体进行解码，转换为调度结果。

步骤14　保存步骤13中在$t=t_3$时刻还未开始的制造任务集$U^3_{unfinished}$，更新$t=t_3$时的资源数据。

步骤 15　对制造任务集 $U_{unfinished}^3$ 进行数据处理，继续步骤 1～步骤 6。

步骤 16　对最优个体进行解码，转换为调度结果。

步骤 17　保存步骤 16 中在 $t=t_4$ 时刻还未开始的制造任务集 $U_{unfinished}^4$，更新 $t=t_4$ 时的资源数据。

步骤 18　对制造任务集 $U_{unfinished}^4$ 进行数据处理，继续步骤 1～步骤 6。

步骤 19　对最优个体进行解码，转换为调度结果。

步骤 20　输出全阶段调度方案。

得到调度的甘特图与多目标函数变化曲线如图 5.3、图 5.4 所示，调度结果如表 5-5 所示。

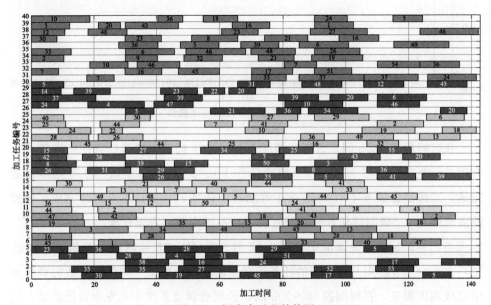

图 5.3　调度全过程甘特图

调度全过程甘特图如图 5.3 所示，图形纵坐标表示一级制造任务编号，从图可以看出，每个一级制造任务都由 5 个二级制造任务构成，横坐标表示制造时间，甘特图中每个方块代表一个二级制造任务，方块的长度表示二级制造任务被服务的时间，方块中的数字代表服务这个二级制造任务的资源。如 25 号一级制造任务，其方块中的数字依次为 40→30→27→29→6，其代表的含义为：25 号任务的第一个二级制造任务在 40 号资源上加工，第二个二级制造任务在 30 号资源上加工，为了表述方便，后面的表达式中用 25-1 表示任务 25 的第一个二级制造任务，以此类推。

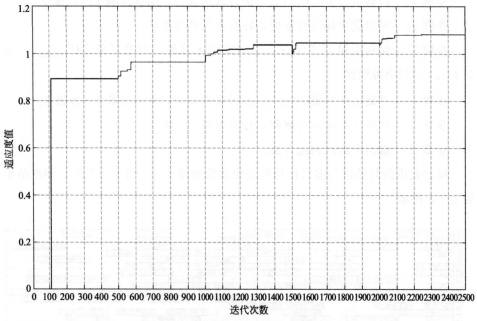

图 5.4 调度全阶段适应度曲线

在时间段 0~30h 间,云制造调度系统未发生扰动,制造任务在各资源点上有序进行制造,如图 5.3 中二级制造任务 1-1、2-1、4-1、5-1、5-2 等已经制造完成,二级制造任务 4-2、6-2、8-1 等制造子任务 $t_1=30h$ 还未制造完成,按照调度规则 8,二级制造任务一旦开始制造,不可中断,直至完成。

当 $t_1=30h$ 时,资源池中 5 号、12 号、20 号、27 号制造资源属性发生改变,在 $t_1=30h$ 还未开始执行的任务需在云制造系统的统一调度下在新的资源池中完成调度服务,在时间段 30~70h 间,云制造调度系统中未发生其他扰动,制造任务在各资源点上有序进行制造,如图 5.3 所示,在 30~70h 之间二级制造任务 1-2、2-2、2-3、3-1、3-2 等子任务已完成,二级制造任务 1-3、3-3、7-3 等在 $t_2=70h$ 时还未制造完成,同理按规则 8,二级制造任务一旦开始制造,不可中断,直至完成;从图 5.3 可知,5 号、12 号、20 号、27 号制造资源属性发生改变后,在 30~70h 之间,5 号资源服务于二级制造任务 13-3、26-1、36-2;12 号资源服务于二级制造任务 12-3;20 号资源服务于二级制造任务 29-4;27 号资源服务于二级制造任务 2-3、20-2。

$t_2=70h$ 时,51 号、52 号、53 号、54 号、55 号资源新接入云制造服务平台,还未开始执行的任务需在云制造系统的统一调度下在新的资源池中完成调度服务，在时间段 70～90h 间，云制造调度系统中未发生其他扰动，制造任务在各资源点上有序进行制造。如图 5.3 所示，在 70～90h 间，制造二级制造任务 9-4、12-4、20-4 等已完成，二级制造任务 1-4、6-3、8-4 等在 $t_2=90$h 时还未制造完成，同理按规则 8，二级制造任务一旦开始制造，不可中断，直至完成；从图 5.3 可知，新接入的 51 号资源在 70～90h 时间段服务于二级制造任务 4-5。

$t_3=90$h 时，8 号、15 号、23 号、35 号资源进行维修，其维修时间分别为 20h、30h、45h、50h，资源经过维修后可再次参与云制造服务，因此 8 号资源在 20h 后可参与云制造服务，15 号资源在 30h 后可参与云制造服务，其他资源情况以此类推。在 $t_3=90$h 时还未开始执行的任务需在云制造系统的统一调度下在新的资源池中完成调度服务，在时间段 90～110h 间，云制造调度系统中未发生其他扰动，制造任务在各资源点上有序进行制造。如图 5.3 所示，在 90～110h 时之间二级制造任务 16-3、18-5、32-3 等已完成，二级制造任务 5-5、6-4、30-5 等在 $t_2=110$h 时还未制造完成，同理按规则 8，二级制造任务一旦开始制造，不可中断，直至完成；从图 5.3 可以看出，维修的 8 号、15 号、23 号、35 号资源在时间段 90～110h 间没参与云制造资源调度服务。

$t_4=110$h 时，7 号、19 号、26 号、37 号、44 号资源撤出云制造服务平台不参与往后的云制造服务，云制造服务平台根据撤销 7 号、19 号、26 号、37 号、44 号资源后新形成的资源集合对在 $t_4=110$h 时还未开始的任务进行资源调度，从图 5.3 可知，从 $t_4=110$h 直到调度结束，7 号、19 号、26 号、37 号、44 号资源都不参与调度服务。

表 5-5 全局调度方案

任务编号	资源编号	任务编号	资源编号
1-1	27	3-1	7
1-2	19	3-2	24
1-3	20	3-3	28
1-4	4	3-4	29
1-5	24	3-5	29
2-1	7	4-1	23
2-2	42	4-2	26
2-3	43	4-3	9
2-4	11	4-4	11
2-5	3	4-5	15

续表

任务编号	资源编号	任务编号	资源编号
5-1	48	11-4	48
5-2	42	11-5	33
5-3	28	12-1	12
5-4	31	12-2	6
5-5	29	12-3	26
6-1	47	12-4	27
6-2	8	12-5	17
6-3	17	13-1	12
6-4	17	13-2	13
6-5	31	13-3	5
7-1	34	13-4	36
7-2	35	13-5	46
7-3	21	14-1	44
7-4	46	14-2	11
7-5	30	14-3	47
8-1	34	14-4	10
8-2	30	14-5	9
8-3	21	15-1	44
8-4	6	15-2	6
8-5	36	15-3	5
9-1	12	15-4	54
9-2	49	15-5	33
9-3	15	16-1	26
9-4	40	16-2	2
9-5	48	16-3	49
10-1	16	16-4	40
10-2	30	16-5	30
10-3	33	17-1	15
10-4	24	17-2	17
10-5	31	17-3	34
11-1	28	17-4	25
11-2	29	17-5	55
11-3	49	18-1	32

续表

任务编号	资源编号	任务编号	资源编号
18-2	23	24-5	32
18-3	37	25-1	28
18-4	28	25-2	44
18-5	22	25-3	48
19-1	33	25-4	46
19-2	36	25-5	21
19-3	37	26-1	45
19-4	50	26-2	18
19-5	55	26-3	39
20-1	37	26-4	44
20-2	48	26-5	33
20-3	7	27-1	5
20-4	55	27-2	33
20-5	22	27-3	18
21-1	6	27-4	49
21-2	22	27-5	20
21-3	20	28-1	41
21-4	53	28-2	37
21-5	32	28-3	10
22-1	24	28-4	39
22-2	24	28-5	16
22-3	31	29-1	46
22-4	29	29-2	21
22-5	43	29-3	50
23-1	38	29-4	19
23-2	36	29-5	46
23-3	20	30-1	1
23-4	45	30-2	21
23-5	42	30-3	10
24-1	24	30-4	39
24-2	16	30-5	33
24-3	47	31-1	35
24-4	45	31-2	45

续表

任务编号	资源编号	任务编号	资源编号
31-3	32	36-2	10
31-4	43	36-3	26
31-5	1	36-4	1
32-1	7	36-5	51
32-2	9	37-1	10
32-3	46	37-2	36
32-4	13	37-3	11
32-5	12	37-4	20
33-1	7	37-5	34
33-2	20	38-1	8
33-3	32	38-2	47
33-4	54	38-3	26
33-5	8	38-4	25
34-1	35	38-5	1
34-2	45	39-1	36
34-3	32	39-2	35
34-4	29	39-3	31
34-5	36	39-4	40
35-1	13	39-5	16
35-2	9	40-1	39
35-3	19	40-2	20
35-4	17	40-3	54
35-5	12	40-4	41
36-1	24	40-5	24

5.7 本章小结

本章对云制造环境下制造资源的动态性进行了分析，对云制造环境下制造资源四类动态情况即资源属性变化、新资源接入、资源维修及若干资源撤销进行了介绍，对基于制造资源变化的资源动态调度进行了问题描述，并给出了相关约束的概念，即总制造时间约束、总制造成本约束、资源可靠度约束、资源服务效率

第 5 章 基于资源变化的动态调度建模与仿真

约束、子任务时序约束，最后以总制造服务时间、总制造服务成本、制造资源平均可靠度与制造资源平均服务效率为优化目标构建了多目标优化调度数学模型。对云制造环境下基于制造资源变化的动态调度问题进行了模拟仿真，模拟了在云制造调度的全生命周期中出现新增制造资源、制造资源撤销、制造资源属性变化、制造资源维修四类情况，采用改进的粒子群算法进行了仿真实验，设置不同的时间点发生不同的干扰事件，调度系统智能处理干扰事件，并得到了相应的全局调度方案。

第6章

云制造环境下车间资源的动态调度建模与仿真

根据云平台任务的分解方法,研究在制造阶段任务分解后相应车间的资源调度问题。结合云制造车间生产制造过程中环境动态变化的情况,对车间资源调度问题进行研究。车间资源环境动态变化主要包含新任务的不定时加入、任务的撤销、资源使用中的意外宕机及日常维护等。通过将车间资源数字化,建立车间资源动态调度模型。为了在符合客户需求的前提下使车间利益最大化,需要车间的云制造系统可以实时更新调度策略来应对各种突发情况。因此,本章在博弈论基础上采用粒子群算法建模,对云制造平台下车间资源的动态调度问题进行仿真。

6.1 车间资源动态调度问题描述

云制造任务可以利用计算机进行数据动态化存储,其中包括任务的属性、任务的约束、任务的制造信息等。因此,需要根据任务需求建立一个任务信息集合 $H_{\text{information}}$ 对制造任务进行表述。由于车间制造一般需要多种资源协同完成,所以在任务结构上也应有相应的处理。将一个完整的制造任务作为初始阶层,即一级制造任务,将每个连续时间段需要在同一制造资源下进行加工的制造任务作为次级阶层,即二级制造任务。车间中所有接收的一级制造任务组成任务集 $H_1 = \{F_1, F_2, F_3, \cdots, F_n\}$,其中 n 表示集合中任务的数量,F_i 表示一级制造任务。F_i 可以继续被分解成 k 个二级制造任务,即 $F_i = \{F_{i1}, F_{i2}, F_{i3}, \cdots, F_{ik}\}$,$F_{ij}$

表示 F_i 制造任务的第 j 个二级制造任务,具体关系如图 6.1 所示。

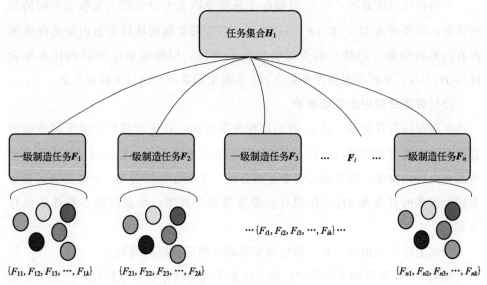

图 6.1 关系结构图

根据上述云制造环境下制造任务的储存特点,需将相应参数用数学符号表示。车间初始任务集合 H_1 由 n 个用 F_i 表示的一级制造任务组成,即 $H_1 = \{F_1, F_2, F_3, \cdots, F_n\}$。$F_i$ 由 k 个用 F_{ij} 表示的二级制造任务组成,即 $F_i = \{F_{i1}, F_{i2}, F_{i3}, \cdots, F_{ik}\}$。由于车间资源的多样性,$F_{ij}$ 可根据其属性在满足约束的同种资源上执行,由于同种资源受工作状态、数量等因素限制,同时多个 F_{ij} 在同一资源上执行的顺序存在差异,因此会产生多种不同的执行方案。对比不同方案所带来的成本、工期、加工质量差异,得到车间执行任务的最佳方案,即车间最佳资源调度方案。同时考虑到车间在执行加工方案时还会出现突发事件,如新任务的不定时加入、任务的撤销、资源使用时意外宕机等,车间需要根据具体情况对未执行的方案进行修改,达到当前时段任务执行的最佳方案,这也是本章讨论车间资源动态性的关键。

(1) 新任务的不定时加入

车间在有序执行 H_1 集合内任务的加工方案过程中,某 t_1 时刻云平台对车间发布新的一级制造任务集合 $U = \{F_{n+1}, F_{n+2}, F_{n+3}, \cdots, F_{n+m}\}$,此时新任务集合与车间原有任务集合 H_1 中未完成的任务集 E_1 组成新的集合 $H_2 = \{E_1, U\}$,并根据约束条件重新生成新的车间任务执行方案。

(2) 任务的撤销

车间在执行任务时，某 t_2 时刻由于某些原因云平台撤销了发布给车间的某些任务，其集合为 $G=\{F_i,F_j,\cdots,F_n\}$。车间需要撤销该任务集内制造任务所占有的车间资源，释放后的资源会反馈给系统，同时重新生成新的任务集合 $H_3=H_1\cap\overline{G}$，车间再根据任务集合 H_3 重新生成新的车间任务执行方案。

(3) 资源使用中宕机或维护

车间在执行任务时，某 t_3 时刻出现突发情况，在生产过程中由于某些原因资源突然宕机或需要进行维护，导致该资源无法继续使用。在该时刻后车间需要重新整合可用资源，将未执行任务重新分配。车间任务集合 H_1 中未完成的任务重新生成新的任务集 H_4，在现有资源数量的条件下，生成新的车间任务执行方案。

根据上述诸多情况，在本章中对车间调度制定相应的规则：

规则 1 在资源加工过程中，加工任务不可中断，需一直执行，直到所有加工任务结束为止。

规则 2 在同一级任务间存在不同优先级。

规则 3 每个制造资源能独立完成一项或几项二级任务，但是同一时刻只能在一个资源上加工一个二级任务。

规则 4 一级任务可以分解为二级任务（即工序级任务），工序级任务为最小加工任务单位。

规则 5 二级制造任务 F_{ij} 与下一个二级制造任务 $F_{i(j+1)}$ 加工之间会出现间隔，由于不同车间之间运输成本可以忽略不计，所以只考虑时间因素。此时相邻二级任务加工之间的时间间隔会加入整体任务完成时间，直接影响任务结束时间节点。

规则 6 车间资源在加工过程中同一时间只可以执行某一个二级工序任务，所以在工作时，后续的加工任务需在前一个加工任务结束后才可使用该资源进行加工。

规则 7 有加急任务加入时，在不影响已进行加工的零件按时完成的条件下，优先将效率高的资源给予优先级高的零件。同等优先级加工时，在满足客户要求的前提下，资源分配方式按照车间利益最大的分配方案执行。

规则 8 在 t_0 时刻所有资源均可用。

规则 9 当资源发生意外宕机或需要进行维护而导致任务无法进行加工时，

可将其视为一项特殊任务,且优先度设为最高。

规则 10　当同一时间资源发生冲突时,对比多项任务的冲突工序,运用博弈论进行优先级比较,选取优先级最高的任务进行加工。其余工序选择其他资源或在该资源进行排队等待。

6.2　任务优先级评定建模

6.2.1　博弈论及其要素

博弈论(game theory)又叫对策论,是研究不同主体之间行为关系的一种理论,其基本观点是研究不同决策主体在博弈论体系下的决策问题。在博弈论中,任一决策主体在博弈对局中的各种行为受到同一博弈对局中其他主体行为的影响,且希望自己能获取最大的效益,最终各行为主体通过博弈得到决策上的平衡。冯·诺依曼在1928年首次提出此概念,并在《博弈论与经济行为》一书中对博弈论进行了详细的描述,这成为之后博弈论发展的重要理论基础。该学科发展至今,学者们相继提出有关动态博弈、不完全信息博弈等内容的研究成果,使博弈论在学术界得到越来越广泛的认可和应用。

合作博弈和非合作博弈是目前主流的分类方法。合作博弈又称正和博弈,博弈双方建立一个具有约束力的协议,保证双方都有收益或一方获益且另一方无损失,使整体收益增加。其余博弈称为非合作博弈。另一种分类方法是根据参与者行动是否存在先后顺序,将博弈论分为静态博弈和动态博弈。如果参与者无法知道先行动者的行动信息,则称为静态博弈;当后参与者知道先行动者的行动信息,并可以根据信息做出应对,则称为动态博弈。无论以何种方式区分博弈论,都需要以下几个基本要素。

① 局中人:博弈局中的参与者,即具有理性且以自身利益最大化为准则的决策人。在一场博弈局中,每一个参与博弈的决策者都是一个局中人,影响着博弈的最终结果。

② 策略:在一场博弈局中,为了应对所有情况而制定的一套计划,参与者会按此套计划行动。在博弈局中,任意阶段参与者都会严格遵守行动策略,不考虑这一阶段前后的由来。

③ 损益值：一场博弈局后，参与者因此局造成的得失。每局中参与者的得失不仅和参与者自身的策略有关，而且与全体参与者整体策略组有关，所以博弈局中任意参与者的策略改变，都直接影响局后每个参与者的得失程度。

④ 均衡：即平衡，指在一场博弈局中所有参与者处于相对稳定的状态。对局中各方均能得到利益，不以一方或多方的损失为代价，此时就处于本次博弈局中的均衡状态。

⑤ 信息：局中人在博弈局势中所获得的知识。如关于其他局中人的特征、已选行动等。

⑥ 行动选择：局中人在特定决策节点所选择的行动方案的合集。如囚徒困境中，每个嫌疑人都有"合作""不合作"两个行动方案可供选择。

6.2.2 两项任务优先级评定

车间在执行多项任务时，由于存在有限的资源约束，会出现在同一时间段多项任务中某些工序争夺同一资源的情况。为了解决此种问题，需要对车间任务进行优先级排序。为了更好地使车间效益最大化，选取任务完成时间和完成质量作为两个重要的衡量指标。但是由于生产过程中质量因素很难确定，在加工过程中会选择可以满足质量要求的资源进行加工，所以本节不考虑加工质量对生产成本的影响，只将任务加工时间（即加工工期）和加工成本作为评定任务优先级的因素。

首先建立两项车间任务博弈论模型，利用博弈结果的损益值大小来判断优先级的顺序。在执行任务时，不同加工工期会为车间带来不同的加工成本，车间为获得最大的期望收益会选择优先级高的先执行。规定完成时间为期望完成时间，提前完工或延后完工产生的偏差用 Δt 表示。偏差值 $\Delta t < 0$，表示任务提前完成。任务正常完成时，即 $\Delta t = 0$ 时，表示该任务与其他任务在同一时间同一资源发生冲突的情况下，优先加工能按时完成的任务。当任务延时完成时，即 $\Delta t > 0$ 时，表示该任务与其他任务在同一时间同一资源发生冲突的情况下，由于优先度低于其他任务，导致需等待其他资源加工后再加工超出期望时间的任务。在博弈论模型中，C_i 表示车间任务 i 的加工成本，S_i 表示任务 i 提前完成带给车间的奖励，F_i 表示任务 i 延期给予车间的惩罚。基于博弈论思想，当两项任务 1 和 2 发生争夺同一资源的情况时，产生的策略组合如表 6-1 所示，其中策略 A 为先执行任务 1 再执行任务 2，策略 B 为先执行任务 2 再执行任务 1。

表 6-1 博弈策略

博弈规划	任务 2	
任务 1	(A、A)	(A、B)
	(B、A)	(B、B)

（A、A）为按策略 A 执行，实际工期为 t_1+t_2；任务 1 产生的成本为 C_1；任务 2 产生的成本为 $C_2+t_2\times F_2$；生产的总成本为 $C_1+(C_2+t_2\times F_2)$。同理，(B、B) 得出任务 1 产生的成本为 $C_1+t_1\times F_1$；任务 2 产生的成本为 C_2；生产的总成本为 $C_2+(C_1+t_1\times F_1)$。(B、A) 和 (A、B) 为矛盾策略无法执行。显然车间一级任务如按照此种模式工作会极大地浪费时间，但是当发生一级任务下二级任务在同一时间争夺同一资源的情况时，可以参考此种模式。

参考上述模式给出两个任务的优先级排序方法时，应对车间资源选择策略进行分析。当两个任务都选择 (A、A) 或 (B、B) 时，其中一个任务中的二级任务可以顺利完成，另一个任务由于受到影响会延长整个一级任务的加工完成时间。假定任务 1 正常完成，任务 1 的整体工期为 $(T_1+\Delta t_1')$，小于预期加工工期，会得到奖励 $|\Delta t_1'\times S_1|$，成本会变为 $(C_1+\Delta t_1'\times S_1)$。任务 2 会延期完成，整体工期变为 $(T_2+\Delta t_2)$，会得到处罚 $(\Delta t_2\times F_2)$，成本会变为 $(C_2+\Delta t_2\times F_2)$。假定任务 2 正常完成，同理得到两任务的博弈损益，见表 6-2。

表 6-2 两项任务博弈损益

组合损益	策略	(1、1)	(2、2)
	工期总偏差	$\Delta t_1'+\Delta t_2$	$\Delta t_1+\Delta t_2'$
	总成本	$(C_1+\Delta t_1'\times S_1)+(C_2+\Delta t_2\times F_2)$	$(C_1+\Delta t_1\times F_1)+(C_2+\Delta t_2'\times S_2)$

6.2.3 多项任务优先级评定

由于云制造环境下车间同一时间会存在多个加工任务，所以在同一时间多个任务争抢同一资源的情况很可能出现。假设车间中同时存在 n 个制造任务且 n 大于 2，可以沿用上述两项任务博弈模型对 n 个任务进行分析。根据两项任务博弈模型，做出应对 n 个任务情况的博弈模型。这时每个任务均可选择 $n!$ 种策略，每种策略均对应一种优先级排序方式，因此得到的有效策略组合也有 $n!$ 种。例如，车间共有四个任务需要加工，即任务 1、任务 2、任务 3、任务 4。在资源调度过程中某一时间产生资源冲突，资源的加工策略就有 $4!=4\times3\times2\times1=24$ 个，包括 (1,2,3,4)，(2,1,3,4)，(3,2,4,1)，(4,2,3,1)，(3,1,4,2)，

(2,4,1,3)……同时在整个加工过程中,如果3个时段的子任务都有资源冲突,车间资源的加工策略则为 $24 \times 24 \times 24 = 13824$ 个,其中有效组合有24个,即 $\{(1,2,3,4),(1,2,3,4),(1,2,3,4)\}$,$\{(3,2,4,1),(3,2,4,1),(3,2,4,1)\}$,$\{(2,1,3,4),(2,1,3,4),(2,1,3,4)\}$,$\{(4,2,3,1),(4,2,3,1),(4,2,3,1)\}$……这种情况下,随着任务数的增多,任务排序越加繁琐,策略组合也会越来越多。为了减少博弈中的分析量与计算量,需要针对多任务的复杂性进行改进,使之能运用到车间生产。

考虑 n 个任务不同时段内都可能发生资源冲突的情况,在第一阶段博弈局中,每段时间中都存在 n 种可供选择的策略。因此如果每个任务有 h 个时间段就会产生 $n \times h$ 种策略,并且 n 个任务将会有 $\left[\dfrac{n(n-1)}{2}-2\right]$ 个博弈阶段,每个阶段形成的策略数都是参与该阶段博弈任务数量的 h 次方。所以,如果要以此计算博弈的全过程,将导致计算量以指数形式增加,不具有实际操作性。如果以用多任务确定优先级的方式来解决单一时间段内资源冲突问题为模板,会导致其他时段资源的竞争状态发生变化,即存在资源冲突的时段变成无冲突时段,无冲突时段变成资源冲突时段。这种情况的出现,也可能使资源冲突时段的冲突资源的数量改变。为了解决以上这些问题,本节将在各分阶段优化模型的基础上进行分层博弈。

分层博弈是指将冲突发生的每段时间看成一层,在做优先级评定时,把最早发生冲突的时段作为博弈时的第一层,并确定该时段下的优先级排列顺序,调整任务排序方案,这样在解决该时间资源冲突后,多任务间的资源冲突会发生新变化。虽然冲突可能还会存在,但当其余冲突出现时需进入第二层次博弈分析。通过这种层层推进的方式,搭建评定优先级顺序的博弈模型,能更合理地实现车间效益的最大化。依照此种方法,首先在 n 个任务中任意选出一项任务 i 作为当前时间段资源冲突情况下最高级序列,可以优先使用该资源。在分析过程中可以将其他任务看成一个整体,n 个任务有 n 种策略组合,并且与两项博弈模型相同。如果各任务能达成一致,即为有效,就可以执行该策略组合。第一阶段的有效策略组合为 n 个,通过比较各策略组合产生的损益值大小来确定优先级最高的任务即第一顺位。第二阶段考虑除 i 以外资源的优先级,按照此种方法对 $n-1$ 个任务进行博弈,把剩余任务中损益值最大的作为次一级的优先任务即第二顺位,并依次循环执行此方法,直到全部任务完成优先级评定。

在博弈局的第一阶段，先将 n 个任务加入优先级评定模型，这里用 V_1 表示 n 个任务中除了任务 i 的其他所有任务的集合，假定任务 i 为该阶段第一顺位任务，任务集合 V_1 为该阶段第二顺位。第一顺位为最高优先级，可以优先使用冲突资源，导致工期改变，造成 $\Delta t'$ 的负偏差，用原加工成本减去按工期完成的奖励表示实际的加工成本，即 $(C_i+\Delta t_i'\times S_i)$。任务集合 V_1 在任务 i 加工后才可继续加工，因此造成工期延长，导致成本增加。

假定任务 j_i（$j_i\in V_1$）可造成的工期偏差表示为 Δt_{j_i}，则算出的实际成本为 $(C_{j_i}+\Delta t_{j_i}\times F_{j_i})$。计算出每种策略中因 i 代表的差异导致工期偏差和实际成本的大小，将不同的偏差求和得到该策略组合下的工期总偏差：

$$\Delta T_i=\Delta t'+\sum\Delta t_{j_i} \tag{6-1}$$

不同实际成本求和得到该策略组合下的实际总成本：

$$C=(C_i+\Delta t_i'\times S_i)+\sum(C_{j_i}+\Delta t_{j_i}\times F_{j_i}) \tag{6-2}$$

采用相同的公式和方法对其他策略进行相应的计算，得出工期的偏差与成本之和，依照上述步骤完成对车间所有任务的优先级评定。综合以上数据可以看出，根据此种多阶段与滚动相结合的分层博弈方法，可以很好地改善前面提到的问题，能够更充分地体现多项任务博弈与车间资源产生的联系，实现车间效益最大化。

6.2.4 多目标评定矩阵构建

车间在多任务情况下考虑工期和成本两大目标，运用博弈论模型解决多任务车间决策问题。采用线性加权求和的方法对多项任务决策中的工期和成本进行计算，使之可以按照两项任务决策问题的思路求解多目标决策问题。建立初始矩阵，选取工期目标 U_1 和成本目标 U_2 组成目标集合 $U=\{U_1,U_2\}$。设定博弈论模型存在 n 种组合策略，其策略集合可表示为 $X=\{x_1,x_2,\cdots,x_n\}$，其中 x_i 表示策略组合，将目标集合和策略组合填入初始决策矩阵：

$$A=\begin{bmatrix} a_{11} & a_{12} & \cdots & a_{1n} \\ a_{21} & a_{22} & \cdots & a_{2n} \end{bmatrix} \tag{6-3}$$

式中，a_{ij} 表示不同策略组合下的损益值，即工期偏差和成本偏差，其中 $i=1,2$；$j=1,2,\cdots,n$。工期偏差和成本偏差属性不同，在决策矩阵中需要进行规范化处理，得到量纲相同的矩阵，再确定两个目标的权重系数，得出不同组合下的综合属性值。综合属性值越大，表明策略组合越合理，所以在进行车间任务排序时选取综合属性值最大的策略作为该时间段的优先级排序。

根据初始决策矩阵的特点，为了让车间能够更直观便捷地得到目标的优先级顺序，需对博弈论模型中 n 种策略矩阵规范化处理，得到处理后的规范化矩阵为：

$$R = \begin{bmatrix} r_{11} & r_{12} & \cdots & r_{1n} \\ r_{21} & r_{22} & \cdots & r_{2n} \end{bmatrix} \tag{6-4}$$

式中，$0 \leqslant r_{ij} \leqslant 1$。由于任务的成本目标值越小越好，所以令成本目标中最小的属性值规范化为 1，而对其他值进行如下规范：

$$r_{ij} = \frac{\min a_{ij}}{a_{ij}} \tag{6-5}$$

式中，$i=1$；$j=1,2,\cdots$。工期目标的表示值为工期总偏差值，需要对不同情况下的该值进行讨论。当工期总偏差值均为正值时，工期目标值越小越好，其变换方式与成本目标相同。当工期总偏差值均为负值时，需要先将属性值含有负数的决策矩阵变换为属性值均为正数的决策矩阵：

$$A' = \begin{bmatrix} |a_{11}| & |a_{12}| & \cdots & |a_{1n}| \\ |a_{21}| & |a_{22}| & \cdots & |a_{2n}| \end{bmatrix} \quad i=1,2; j=1,2,\cdots,n \tag{6-6}$$

此时，工期目标值越大越好，所以令工期目标中最大的属性值规范化为 1，其他值用公式进行规范化，成本目标的规范化方法不变。当工期总偏差既有正偏差值又有负偏差值时，需要对工期目标进行非负化处理，使其变为同一类偏差值，并用相同规范化方式进行规范。

车间可以根据生产过程中的实际情况选择合适的目标权重。本节采用熵权法对目标进行客观的赋值，这种方式可以避免主观因素的干扰。设定 $W=\{w_1, w_2\}$ 为目标的权重向量，且 $w_1+w_2=1$，熵权法求解客观权重如式(6-7) 所示：

$$w_1 = \frac{1-E_i}{n-\sum_{i}^{n} E_i}, i=1,2,\cdots,n \tag{6-7}$$

$$E_i = -\frac{1}{\ln m} \sum_{j=1}^{m} \frac{r_{ij}}{\sum_{j=1}^{m} r_{ij}} \ln \frac{r_{ij}}{\sum_{j=1}^{m} r_{ij}}, i=1,2; j=1,2,\cdots,m \tag{6-8}$$

式中，n 表示目标集中的目标数量；m 表示方案集的数量。

通过以上分析，得到不同的方案集，也就是策略组合的综合属性值 z 为：

$$z_j = \sum_{i=1}^{2} w_i \times r_{ij}, j=1,2 \tag{6-9}$$

综合属性值越大的方案集越好，对车间来讲执行该方案更合理，其任务优先级越高。

6.3 车间资源动态调度建模

6.3.1 数学符号及其描述

本节主要以总制造时间 T、总制造成本 C、平均制造质量 Q、资源平均利用率 U 为主要优化目标。模型相关物理量含义如表 6-3 所示。

表 6-3 相关物理量含义表

符号	代表意义
T	总制造时间
C	总制造成本
Q	平均制造质量
U	资源平均利用率
T_{max}	最晚交货时间
C_{max}	用户允许的预算成本
Q_{min}	最低制造资源质量要求
U_{min}	最低资源利用率要求
x_{ijp}	决策因子，判断资源状态
n	车间中一级制造任务总数
F_i	车间中一级制造任务
F_{ij}	车间中二级制造任务
k_i	第 i 个一级制造任务中二级制造任务
$T_{ij\text{-}star}$	一级制造任务开始时间
$T_{ij\text{-}end}$	一级制造任务结束时间

续表

符号	代表意义
m_{ij}	二级制造任务
C_{ijp}	二级制造任务 F_{ij} 在资源 p 上的加工成本
Q_{ijp}	二级制造任务 F_{ij} 在资源 p 上的服务质量
t_{ijp}	二级制造任务 F_{ij} 在资源 p 上的加工时间
U_p	资源 p 的利用率

6.3.2 优化目标

(1) 总制造时间 T

总制造时间是指从制造服务开始（即第一个二级任务开始加工）到最后一个二级制造任务完成为止，该制造任务加工过程总共消耗的时间。总制造时间的目标函数为：

$$T = \max\{T_{ij\_start} - T_{ij\_end} | i=1,2,\cdots,n; j=1,2,\cdots,n\} \quad (6-10)$$

式中，T_{ij_start} 表示一级制造任务 F_i 的第一个二级制造任务 F_{ij} 的加工开始时间；T_{ij_end} 表示一级制造任务 F_i 的最后一个二级制造任务 F_{ij} 的加工完成时间。

(2) 总制造成本 C

总制造成本是指一级制造任务 F_i 包含的所有二级制造任务在加工过程中所造成的必要工业加工成本。总制造成本的目标函数表达式如下：

$$C = \sum_{i=1}^{n} \sum_{j=1}^{k_i} \sum_{p=1}^{m_{ij}} C_{ijp} \quad (6-11)$$

式中，C_{ijp} 表示二级制造任务 F_{ij} 在资源 p 加工过程中所产生的成本。

(3) 平均制造质量 Q

平均制造质量是指在车间各资源的自身属性下，在一级制造任务 F_i 加工过程中所采用的各资源的制造水平，计算方式如下：

$$Q = \frac{\sum_{i=1}^{n} \sum_{j=1}^{k_i} \sum_{p=1}^{m_{ij}} Q_{ijp}}{nk_i} \quad (6-12)$$

(4) 资源平均利用率 U

资源平均利用率是指每个制造资源在制造任务加工过程中，理想状态下制造资源被使用的状况。一级制造任务的每个二级制造任务都有若干候选服务资源，属性优良的资源会不断地被选择，导致资源的负载过大，影响资源的使用寿命，因此必须对资源的利用率进行相关约束，使资源在满足要求的情况下，最大可能地提升各个资源的使用效率。云制造环境下制造资源利用率的目标函数表达形式如下：

$$U_p = \frac{\sum_{i=1}^{h}\sum_{j=1}^{k=i}\sum_{p=1}^{m_{ij}} x_{ijp} t_{ijp}}{H} \times 100\% \tag{6-13}$$

$$U = \frac{\sum_{p=1}^{n} U_p}{n} \tag{6-14}$$

6.3.3 约束条件

(1) 资源制造执行时间约束

任务的总完成时间不可超过规定的最晚交货时间，即：

$$T = \max(T_{ij\_end}) \leqslant T_{\max} \quad i=1,2,\cdots,n \tag{6-15}$$

式中，$T_{\max}$ 为最晚交货时间。

(2) 资源制造成本约束

总制造成本不能超过用户预算，即：

$$C = \sum_{i=1}^{n}\sum_{j=1}^{k_i}\sum_{p=1}^{m_{ij}} m_{ijp} C_{ijp} \leqslant C_{\max} \tag{6-16}$$

式中，$C_{\max}$ 为用户最大允许预算成本。

(3) 资源平均制造质量

总制造平均质量需要达到如下使用标准：

$$Q = \frac{\sum_{i=1}^{n}\sum_{j=1}^{k_i}\sum_{p=1}^{m_{ij}} Q_{ijp}}{nk_i} \geqslant Q_{\min} \tag{6-17}$$

式中，$Q_{\min}$ 表示制造资源平均质量的最低要求。

(4) 资源平均利用率

$$U \geqslant U_{\min} \tag{6-18}$$

式中，$U_{\min}$ 表示车间中资源平均利用率的最低要求。

(5) 子任务约束

任务分解之后的子任务（即工序加工任务）为二级制造任务，所以当一级制造任务分解成二级制造任务后,不可继续分解,同时满足一个二级制造任务只能在一个资源上执行。

$$\sum_{p=1}^{m_{ij}} x_{ijp} = 1 \qquad (6\text{-}19)$$

6.4 基于改进粒子群算法的车间资源动态调度

在云制造环境下,平台将产品的全生命周期分解成多个阶段,并将制造阶段的任务发布给各个车间。为了解决原有任务与云平台发布任务对车间内资源使用权的争夺问题,基于云制造环境对任务的各项要求进行综合分析,给出最适合当前状态的资源使用策略。本节将阐述车间资源调度问题,采用博弈论与整数编码相结合的方式,对适应度函数进行加权,再运用优化粒子群算法对其求解。

6.4.1 编码

编码就是将现实可描述的问题转变为便于云制造系统识别的编程语言的过程。依据车间资源调度过程中,一级制造任务间可通过博弈论方法确定制造任务优先级顺序的结论,并结合一级任务分解后形成的二级制造任务间存在先后执行的特点,采用整数编码的方式对粒子进行编码,即一个粒子代表车间一种可行的调度方案。例如,车间在一次对现有任务加工过程中,需要执行的一级制造任务总数为 n,一级制造任务 F_i 由 k 个二级任务 F_{ij} 构成。首先,将 $1\sim n$ 个任务用整数进行赋值作为第一层。其次,第二层选取 $[0,1]$ 之间实数值构成一级任务下的二级任务集合,且不可取相同数值,表示二级任务的加工顺序,数值越小越先加工。最后,构建第三层资源加工层,为二级任务下可执行的资源。通过上述可得粒子编码:

$$X_i = \begin{bmatrix} 1 & 1 & 1 & 1 & 1 & 2 & 2 & 2 & 2 & 2 \\ 0.2 & 0.4 & 0.5 & 0.25 & 0.33 & 0.42 & 0.23 & 0.44 & 0.6 & 0.21 \\ 2 & 3 & 1 & 3 & 4 & 3 & 5 & 1 & 2 \end{bmatrix} \qquad (6\text{-}20)$$

该编码表示两个一级制造任务,即 [1 1 1 1 1 2 2 2 2 2];二级任务加工顺序为 [0.2 0.4 0.5 0.25 0.33 0.42 0.23 0.44 0.6 0.21];所需要的加工的资源为

[2 3 1 1 3 4 3 5 1 2]。

6.4.2 适应度函数构造

适应度函数是粒子群算法的基础,适应度函数值发生改变会直接影响算法对最优解的搜索能力,其值越大表明粒子越接近最优调度方案。云制造环境下资源调度问题的本质是合作博弈条件下的寻优问题,需要通过适应度值大小找到最优的资源调度方案。根据第4章4.2节的内容,本节采用线性加权的方式构造适应度函数,如:

$$F = \frac{1}{W_1 \frac{T_i - T_{\min}}{T_{\min}} + W_2 \frac{C_i - C_{\min}}{C_{\min}} - W_3 \frac{Q_i - Q_{\max}}{Q_{\max}} - W_4 \frac{U - U_{\max}}{U_{\max}}} \quad (6\text{-}21)$$

式中,W_1、W_2、W_3、W_4 分别表示总制造时间、总制造成本、资源平均质量、资源平均利用率的权重值;$T_{\min}$ 表示单目标为制造时间时,制造时间的最小值;$C_{\min}$ 表示单目标为制造成本时,制造的最小成本;$Q_{\max}$ 表示单目标为平均制造质量时,制造质量的最高值;$U_{\max}$ 表示单目标为资源平均利用率时,平均资源利用率的最大值。运用层次分析法确定 W_1、W_2、W_3、W_4 的值。假定总制造时间与总制造成本同等重要,总制造时间较平均制造质量和资源平均利用率稍微重要,平均制造质量较资源平均利用率稍微重要。按1~9标度构造初始判断矩阵,如表6-4所示。

表6-4 目标层判断矩阵各元素

参数	T	C	Q	U
T	1	1	3	5
C	1	1	3	5
Q	1/3	1/3	1	3
U	1/5	1/5	1/3	1

对矩阵进行归一化处理,计算 $\lambda_{\max}$ 和 CI,并对其进行一致性检验,得到权重值 $W = [0.3899 \quad 0.3899 \quad 0.1524 \quad 0.0678]^T$。

6.4.3 粒子群算法操作流程

将上述编码好的粒子数据和得出的适应度函数编入粒子群算法,得到应用于云制造环境下制造资源动态调度的程序。综上所述，绘制出资源动态调度全阶段流程图，如图6.2所示。

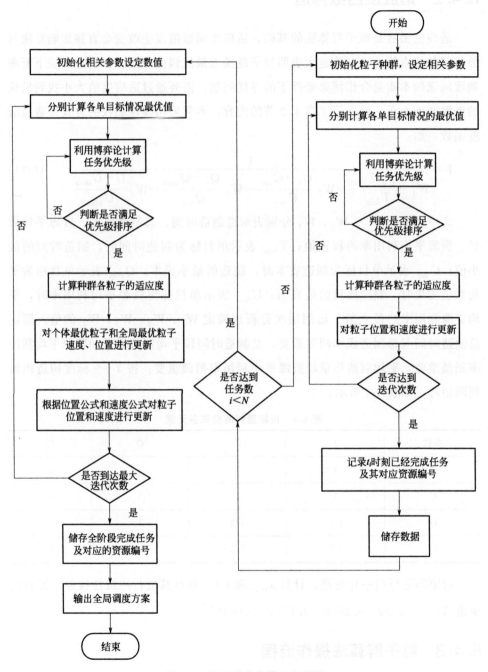

图6.2 粒子群优化算法流程图

6.5 仿真分析

本节将对云制造环境下车间资源的动态调度进行仿真，然后与其他程序进行对比，分析该方法的优劣。云制造环境下，粒子群算法的参数设定和仿真数据集见附表 9～附表 11，建立车间的任务集合 U。其中每个一级制造任务用 F_i 表示，每个一级制造任务由 5 个二级制造任务组成。假设车间接到 40 个一级制造任务，共有 8 种类型，具体如图 6.3 所示。车间原有一级制造任务 40 个，二级制造任务总共有 200 个。算法初始值设定：交货截止期 $T_{\max}$ 设置为 240；最高成本 $C_{\max}$ 设置为 7000；最低平均制造质量 $Q_{\max}$ 设置为 8；最低资源利用率 $U_{\min}$ 设置为 0.6。设置 $t_1=30h$、$t_2=60h$、$t_3=90h$、$t_4=110h$ 四个时间点发生突发情况，分别为任务加入和任务撤销、资源宕机、资源维护、资源重新投入生产，用来检验该方法的可行性。

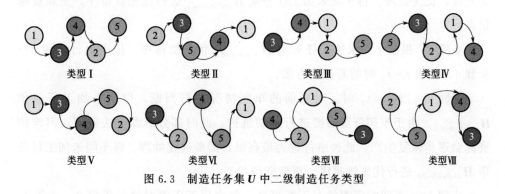

图 6.3 制造任务集 U 中二级制造任务类型

根据所构建的粒子群算法模型，对上述数值进行运算。设定该算法迭代总次数为 2500 次，任务添加和撤销时迭代 500 次，资源宕机时迭代 500 次，资源维护时迭代 500 次，资源重新投入生产时迭代 500 次。具体实现过程如下。

步骤 1 算法初始化：设置粒子规模为 200；最大粒子速度 $V_{\max}=2$，最小粒子速度 $V_{\min}=-2$；权重 W 的范围为 0.4～0.9；加速因子 $c_1=2$，$c_2=-2$。

步骤 2 独立计算各个条件优化结果作为边界，考虑总制造时间 T、总制造成本 C、平均制造质量 Q、资源平均利用率 U 四个方面，将各个目标进行归一化处理，利用适应度函数值得出初始最优解。

步骤 3 运行算法开始进行迭代处理，把每一次迭代的粒子速度和位置带入适应度函数，计算出本次迭代的最优解。通过与之前迭代最优值进行比较，将最佳粒子所代表的数据保存下来作为目前最优解。更新本次所有粒子位置，判断是否满足迭代总次数，如果为否，继续进行上述迭代。

步骤 4　将历史最优粒子位置通过编码转化为调度方案，将当前排队任务进行优先级排序，看调度方案是否满足优先级要求，当满足要求时输出相应调度方案，否则重新计算调度方案。

步骤 5　当 $t=t_1$ 时，对当前的车间情况进行判断，将车间任务分为未加工任务 $H_{unfinished1}$、已加工任务 $H_{finished}$ 和正在加工的任务 $H_{processing}$。对未加工任务进行更新，得到新的任务集合 U_1。

步骤 6　对 H_1 中的任务进行优先级排序，再依次执行步骤 2～步骤 4，得出 $t=t_1$ 时的新调度方案。

步骤 7　当 $t=t_2$ 时，对当前的车间情况进行判断，得到未加工任务集 $H_{unfinished2}$。由于车间发生突发状况，设备宕机资源无法使用，此种事件为最高优先级，优先处理。将车间未加工任务集 $H_{unfinished2}$ 进行优先级排序，更新资源状态。

步骤 8　根据车间未加工任务集 $H_{unfinished2}$ 优先级排序，依次执行步骤 2～步骤 4，得出 $t=t_2$ 时的新调度方案。

步骤 9　当 $t=t_3$ 时，对当前的车间情况进行判断，得到未加工任务集 $H_{unfinished3}$。由于车间资源需要进行定期维护，此时部分资源无法使用，但维护资源会逐步恢复生产，此种事件也为最高级，需要优先处理。将车间未加工任务集 $H_{unfinished3}$ 进行优先级排序，更新资源状态。

步骤 10　车间的资源状态不断更新，每次更新资源时执行步骤 2～步骤 4，直到资源更新不再变化，得出 $t=t_3$ 时的新调度方案。

步骤 11　当 $t=t_4$ 时，对当前的车间情况进行判断，得到未加工任务集 $H_{unfinished4}$。之前宕机资源经过一段时间修复可以继续投入生产，此种情况相当于更新资源状态。所以在更新资源状态之后，对车间未加工任务集 $H_{unfinished4}$ 进行优先级排序。

步骤 12　在新资源状态情况下，依次执行步骤 2～步骤 4，得出 $t=t_4$ 时的新调度方案。

步骤 13　在多种突发情况发生后得到全阶段最佳调度方案。

初始调度发生时，通过多目标约束可以迭代找出全局最佳调度方案的甘特图

(图6.4)。其中，纵坐标表示各一级制造任务，横坐标表示加工时间，所生成的条形块表示对应二级制造任务在相应时间从加工开始到结束所占用的资源段，资源段越密集，代表资源越优秀，说明加工时各任务间在资源间的轮转越快，间隔越短。资源段上的数字表示该二级制造任务所占用的资源加工，所以相同时间段不会出现同种资源编号。

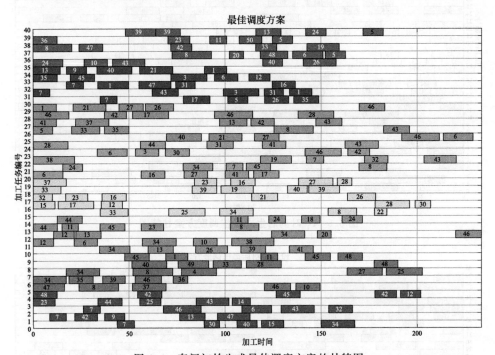

图6.4 车间初始生成最佳调度方案的甘特图

在 $0\sim t_1$ 时间段，初始调度产生的最佳调度方案的甘特图，如图6.4所示。

在 $t_1\sim t_2$ 时间段，发生任务撤销和任务加入，即将2个类型V的一级任务撤销，加入2个类型I的一级制造任务。在遵守加工规则的情况下，即 t_1 时刻正在加工的资源继续进行加工，等待任务重新调度，得到资源调度甘特图，如图6.5所示。

在 $t_2\sim t_3$ 时间段，发生设备宕机导致资源无法使用，即车间7、26、37号资源无法使用。将资源池中相应资源排除，在遵守加工规则的情况下，重新得到 t_2 时刻的资源调度甘特图，如图6.6所示。

在 $t_3\sim t_4$ 时间段，发生资源维护，即车间23、8、35号资源需要维护，并在 t_3 时刻后的10h、20h、30h逐步恢复生产，即到相应维护时间结束后重新加

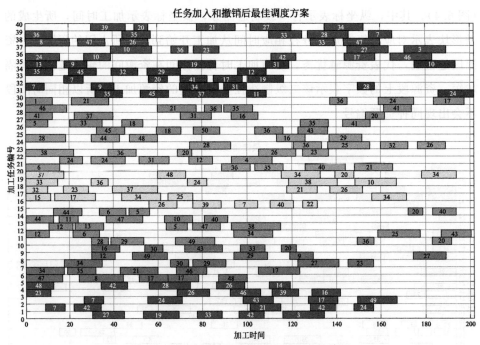

图 6.5 t_1 时刻后生成最佳调度方案甘特图

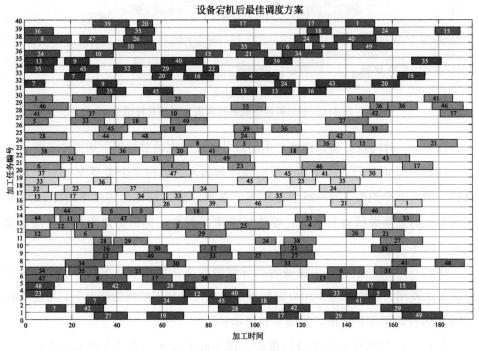

图 6.6 t_2 时刻后生成最佳调度方案甘特图

入资源池，在遵守加工规则的情况下，重新得到 t_3 时的资源调度甘特图，如图 6.7 所示。

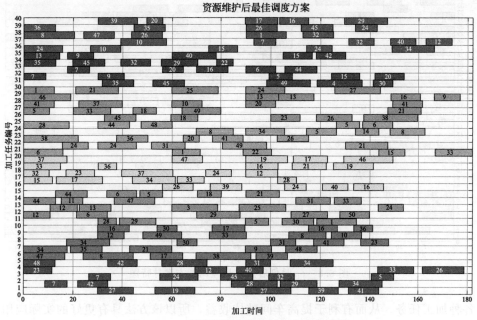

图 6.7　t_3 时刻后生成最佳调度方案甘特图

在 t_4 之后时间段，宕机设备已经修复，可以继续投入生产，即车间 7、26、37 号资源又可以继续使用。将相应资源重新加入资源池，重新得到 t_4 时刻的资源调度甘特图，如图 6.8 所示。

根据上述发生的各种突发事件，通过该算法可以得到车间资源调度全阶段的收敛曲线，如图 6.9 中虚线所示。选取传统优化粒子群算法以相同数据为基础也可以得到车间资源调度全阶段收敛曲线，如图 6.9 中实线所示。每张甘特图均为算法迭代 500 次得出的最佳方案，对比两种算法具体收敛情况，如图 6.9 所示。将每 500 次迭代看作一组对比，2500 次迭代进行 5 组收敛对比。从每段的收敛曲线对比可以看出，运用博弈论进行优先级排序的粒子群算法收敛速度好于运用传统优化粒子群算法的收敛速度。每组收敛曲线中该粒子群算法均比传统优化算法搜索平稳，每次发生突发情况时都可以更快地计算出当前最优解。所以，如果在实际生产中车间突发情况，运用该算法能更快地解决当前问题，得到最佳资源调度方案。加入优先级排序的另一个优势是更契合车间实际加工环境，每种最佳调度方案都是以车间利益最大化的方式进行分配，可以更好地应对实际生产中的

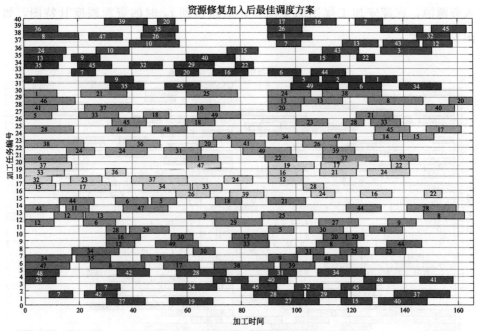

图 6.8　t_4 时刻后生成最佳调度方案甘特图

各种加工任务，从而有利于提高车间整体收益，所以该方法具有更好的实际应用价值。

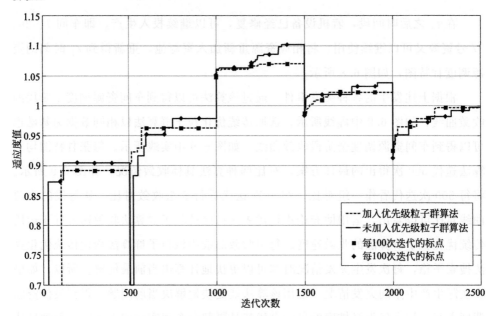

图 6.9　两种算法在突发情况下的收敛图

6.6 本章小结

本章对云制造环境下车间资源的动态调度进行分析，建立了云制造环境下的资源动态调度数学模型。当车间出现突发情况时，运用博弈论对车间任务进行优先度排序，解决了车间生产中同一时间对相同资源的占用问题；基于博弈论模型对资源调度进行建模，给出生产中的约束条件，即资源制造执行时间约束、资源制造成本约束，资源平均制造质量、资源制造利用率、子任务约束，最终建立了车间资源调度模型；对云制造环境下车间资源动态调度问题进行了仿真。通过模拟车间调度的多种突发情况，云平台对任务进行排序并给出当前最佳调度方案。引入博弈论对云制造任务优先级排序，使粒子群算法更加契合实际生产。与无制造任务优先级的粒子群算法产生的调度方案对比，收敛效果好且能满足车间实际需求。

附录

附表1 可供选择的资源服务加工能力信息

资源编号	二级制造任务	二级制造任务类型1			二级制造任务类型2			二级制造任务类型3			二级制造任务类型4			二级制造任务类型5		
		加工时间	加工成本	服务质量	加工时间	加工成本	服务质量	加工时间	加工成本	服务质量	加工时间	加工成本	服务质量	加工时间	加工成本	服务质量
	E1	12.3	28.3	114				11.6	15.9	99				16.1	18.1	101
	E2				10.3	28.2	118				14.8	28.4	112			
	E3	18.7	29.9	113				12.2	19.6	123						
	E4										18.1	20.4	82	9.3	28.7	101
	E5	10.3	19.6	117	14.1	21.5	113									
	E6										12.1	61.8	10	15.7	15.0	93
	E7	10.3	18.0	108	8.8	24.8	83	20.4	15.1	119				15.0	16.7	108
	E8				12.3	18.3	112	18.6	18.1	108	14.3	29.3	79			
	E9													10.5	22.7	98
	E10															
	E11										8.6	25.2	99			
	E12	10.7	22.2	113				10.8	19.1	102						

续表

资源编号	二级制造任务类型1			二级制造任务类型2			二级制造任务类型3			二级制造任务类型4			二级制造任务类型5		
	加工时间	加工成本	服务质量	加工时间	加工成本	服务质量	加工时间	加工成本	服务质量	加工时间	加工成本	服务质量	加工时间	加工成本	服务质量
E13	9.4	21.2	102	14.3	20.1	87				13.1	19.4	99			
E14	10.6	15.7	100							11.5	18.1	84			
E15	12.8	13.3	91										11.7	17.4	91
E16				18.6	20.7	115	11.9	25.2	97	13.1	25.1	87	13.7	19.1	96
E17				9.6	20.7	105				10.9	20.6	110			
E18	16.8	16.9	95				16.1	17.5	121						
E19				7.1	36.0	86	12.9	18.6	112				8.9	30.0	118
E20							6.6	27.1	121	17.2	9.8	98	13.6	18.5	97
E21															
E22				11.5	17.8	94	15.6	13.6	107	11.5	22.1	107			
E23	8.7	28.0	111										10.4	24.5	114
E24				18.8	12.2	96	14.5	16.8	102	12.6	20.2	104	10.9	18.6	102
E25	16.8	19.5	85												
E26				12.6	26.0	90	7.6	23.2	110				17.8	15.7	90
E27										14.8	17.7	84	18.3	27.8	83
E28	17.4	11.9	80												
E29															

续表

资源编号	二级制造任务	二级制造任务类型 1			二级制造任务类型 2			二级制造任务类型 3			二级制造任务类型 4			二级制造任务类型 5		
		加工时间	加工成本	服务质量	加工时间	加工成本	服务质量	加工时间	加工成本	服务质量	加工时间	加工成本	服务质量	加工时间	加工成本	服务质量
	E30				12.6	34.4	90	8.1	33.2	122						
	E31	12.2	16.3		13.8	25.0	97				10.1	33.3	114			
	E32			112							10.1	26.8	97			
	E33	17.4	21.5	101							14.8	24.0	96	10.9	15.2	90.3
	E34				12.8	34.1	100	15.6	21.6	111						
	E35				7.6	19.7	100	12.8	12.9	88						
	E36	20.6	13.5	91				12.7	23.2	128						
	E37				13.9	29.9	116				17.4	24.9	102	21.9	33.4	113
	E38	18.0	28.8	110	12.6	18.1	105	15.9	29.6	107	11.9	15.1	90	10.4	27.7	114
	E39	12.2	18.7	98										12.2	20.7	108
	E40				13.0	19.6	96	12.1	16.3	102	11.2	24.5	110			
	E41										17.0	23.9	112	13.4	25.5	102
	E42	12.8	20.8	106				12.8	12.9	88				12.8	16.6	103
	E43	18.9	19.7	113				19.9	30.7	98				13.5	22.9	102

续表

二级制造任务编号	二级制造任务类型1			二级制造任务类型2			二级制造任务类型3			二级制造任务类型4			二级制造任务类型5		
	加工时间	加工成本	服务质量	加工时间	加工成本	服务质量	加工时间	加工成本	服务质量	加工时间	加工成本	服务质量	加工时间	加工成本	服务质量
E47	16.6	35.2	102	12.5	25.8	118									
E48				12.6	22.5	118									
E49	17.6	20.6	103				15.7	16.5	99				11.9	18.4	112
E50				12.0	20.3	106				14.0	24.2	102			

附表2 不同资源间的物流时间(1~16列)

企业编号	E1	E2	E3	E4	E5	E6	E7	E8	E9	E10	E11	E12	E13	E14	E15	E16
E1	0.0	1.1	2.7	4.0	5.2	6.5	7.5	8.5	8.0	10.6	7.0	7.5	6.0	4.5	6.5	7.0
E2	1.1	0.0	1.7	3.0	4.4	5.7	6.7	7.8	9.1	9.8	6.3	5.9	6.4	9.3	11.2	11.7
E3	2.7	1.7	0.0	1.3	2.7	4.0	5.1	6.2	7.6	8.3	8.8	9.5	10.1	10.0	10.1	10.7
E4	4.0	3.0	1.3	0.0	1.5	2.7	3.9	5.0	6.3	7.1	7.6	8.4	9.0	9.0	9.2	10.0
E5	5.2	4.4	2.7	1.5	0.0	1.3	2.4	3.5	4.9	5.6	6.2	7.0	7.6	7.6	7.9	8.8
E6	6.5	5.7	4.0	2.7	1.3	0.0	1.2	2.2	3.6	4.3	4.9	5.8	6.5	6.6	7.0	8.0
E7	7.5	6.7	5.1	3.9	2.4	1.2	0.0	1.1	2.4	3.2	3.7	4.6	5.3	5.5	6.0	7.0
E8	8.5	7.8	6.2	5.0	3.5	2.2	1.1	0.0	1.4	2.1	2.7	3.7	4.4	4.6	5.3	6.3
E9	8.0	9.1	7.6	6.3	4.9	3.6	2.4	1.4	0.0	0.7	1.4	2.6	3.4	3.8	4.7	5.8
E10	10.6	9.8	8.3	7.1	5.6	4.3	3.2	2.1	0.7	0.0	0.7	2.1	2.8	3.3	4.3	5.5

续表

企业编号	E1	E2	E3	E4	E5	E6	E7	E8	E9	E10	E11	E12	E13	E14	E15	E16
E11	7.0	6.3	8.8	7.6	6.2	4.9	3.7	2.7	1.4	0.7	0.0	1.3	2.1	2.7	3.7	4.9
E12	7.5	5.9	9.5	8.4	7.0	5.8	4.6	3.7	2.6	2.1	1.3	0.0	0.7	1.3	2.5	3.6
E13	6.0	6.4	10.1	9.0	7.6	6.5	5.3	4.4	3.4	2.8	2.1	0.7	0.0	0.8	2.0	3.1
E14	4.5	9.3	10.0	9.0	7.6	6.6	5.5	4.6	3.8	3.3	2.7	1.3	0.8	0.0	1.2	2.3
E15	6.5	11.2	10.1	9.2	7.9	7.0	6.0	5.3	4.7	4.3	3.7	2.5	2.0	1.2	0.0	1.2
E16	7.0	11.7	10.7	10.0	8.8	8.0	7.0	6.3	5.8	5.5	4.9	3.6	3.1	2.3	1.2	0.0
E17	7.5	7.4	11.4	10.7	9.5	8.6	7.6	7.0	6.4	6.0	5.3	4.0	3.4	2.7	1.7	0.7
E18	10.4	10.2	9.2	8.5	9.4	8.7	7.7	7.1	6.7	6.4	5.8	4.5	4.0	3.2	2.0	0.8
E19	9.7	9.6	8.9	8.4	9.4	8.9	8.0	7.7	7.5	7.3	6.8	5.7	5.3	4.4	3.2	2.2
E20	9.2	9.4	9.1	9.0	10.3	10.2	9.2	9.6	9.8	9.8	9.4	8.4	8.1	7.3	6.1	5.3
E21	8.7	8.9	8.6	8.5	9.8	9.7	9.1	9.2	9.4	9.4	9.1	8.1	7.9	7.1	5.9	5.1
E22	8.1	8.3	8.1	8.0	9.5	9.5	9.4	9.1	9.4	9.5	9.2	8.4	8.2	7.4	6.3	5.6
E23	8.8	9.2	9.3	9.6	9.3	9.6	9.7	9.7	10.3	10.5	10.3	9.7	9.6	8.9	7.9	7.4
E24	8.0	8.5	8.9	9.3	9.2	9.7	9.8	10.1	10.9	11.2	11.1	10.6	10.6	9.9	8.9	8.5
E25	7.6	8.2	8.6	9.1	8.9	9.7	9.8	10.3	11.1	11.5	11.4	11.0	11.0	10.3	9.4	9.1
E26	6.7	7.4	8.0	8.6	8.1	9.6	9.8	10.4	11.3	11.7	11.7	11.4	11.5	10.9	10.1	9.8
E27	5.5	6.2	7.0	7.7	8.1	8.8	9.2	9.9	10.9	11.4	11.4	11.2	11.5	10.9	10.2	10.1
E28	3.9	4.8	5.9	6.8	7.5	8.5	9.1	9.9	11.1	11.6	11.8	11.9	12.2	11.7	11.1	11.2

续表

企业编号	E1	E2	E3	E4	E5	E6	E7	E8	E9	E10	E11	E12	E13	E14	E15	E16
E29	2.8	3.6	4.7	5.7	6.4	7.5	8.1	9.0	10.2	10.8	11.0	11.2	11.5	11.1	10.7	10.9
E30	1.2	2.0	3.3	4.5	5.5	6.7	7.6	8.5	9.8	10.5	10.9	11.2	11.6	11.3	11.1	11.4
E31	3.1	3.0	2.8	3.3	3.7	4.6	5.3	6.1	7.4	8.0	8.3	8.6	9.1	8.7	8.5	8.9
E32	3.4	3.6	3.9	4.5	4.9	5.7	6.3	7.1	8.2	8.8	9.1	9.2	9.6	9.2	8.7	9.0
E33	3.7	4.1	4.4	5.0	5.3	6.2	6.6	7.4	8.5	9.1	9.3	9.3	9.7	9.2	8.8	9.0
E34	4.6	4.9	5.2	5.7	5.9	6.6	6.9	7.6	8.7	9.2	9.3	9.2	9.5	9.0	8.4	8.5
E35	6.0	6.4	6.5	6.8	6.7	7.2	7.3	7.8	8.7	9.1	9.1	8.8	9.0	8.4	7.7	7.6
E36	6.9	7.1	7.0	7.2	6.9	7.2	7.2	7.5	8.3	8.6	8.6	8.2	8.3	7.6	6.9	6.7
E37	7.7	7.9	7.7	7.7	7.2	7.4	7.2	7.4	8.0	8.3	8.1	7.6	7.6	7.0	6.1	5.8
E38	8.3	8.4	8.1	7.9	7.3	7.3	7.0	7.1	7.6	7.8	7.6	6.9	6.9	6.2	5.3	5.0
E39	9.5	9.3	8.6	8.1	7.1	6.7	6.0	5.8	6.0	6.0	5.7	4.9	4.8	4.0	3.1	2.9
E40	9.8	9.6	8.7	8.1	7.0	6.5	5.7	5.4	5.4	5.4	5.0	4.1	4.0	3.3	2.4	2.3
E41	10.2	9.9	8.8	8.1	6.9	6.1	5.2	4.7	4.4	4.3	3.9	2.9	2.8	2.1	1.4	1.9
E42	10.1	9.6	8.4	7.5	6.3	5.4	4.3	3.7	3.4	3.3	2.9	2.1	2.2	1.7	1.7	2.6
E43	10.1	9.5	8.2	7.2	5.9	4.9	3.7	3.0	2.5	2.4	2.0	1.5	1.9	1.8	2.3	3.4
E44	8.9	8.3	6.9	5.9	4.6	3.6	2.5	2.0	2.1	2.4	2.4	2.6	3.1	3.1	3.4	4.4
E45	8.5	7.9	6.4	5.3	3.9	2.8	1.7	1.2	1.7	2.2	2.5	3.1	3.7	3.8	4.2	5.3
E46	7.6	6.9	5.4	4.3	2.9	1.9	1.0	1.2	2.4	3.0	3.4	4.0	4.7	4.7	5.1	6.0

续表

企业编号	E1	E2	E3	E4	E5	E6	E7	E8	E9	E10	E11	E12	E13	E14	E15	E16
E47	5.3	4.8	3.7	3.1	2.3	2.6	2.9	3.7	4.9	5.5	5.8	6.2	6.7	6.5	6.4	7.1
E48	4.2	3.7	2.5	2.0	1.8	2.7	3.4	4.3	5.7	6.3	6.7	7.2	7.8	7.6	7.6	8.2
E49	3.7	3.4	2.8	2.9	3.0	3.8	4.4	5.3	6.6	7.2	7.5	7.8	8.3	8.0	7.8	8.3
E50	7.1	7.0	6.5	6.3	5.7	5.7	5.4	5.7	6.4	6.7	6.6	6.3	6.4	5.9	5.2	5.3

续表2（17～33列）

企业编号	E17	E18	E19	E20	E21	E22	E23	E24	E25	E26	E27	E28	E29	E30	E31	E32	E33
	7.5	10.4	9.7	9.2	8.7	8.1	8.8	8.0	7.6	6.7	5.5	3.9	2.8	1.2	3.1	3.4	3.7
	7.4	10.2	9.6	9.4	8.9	8.3	9.2	8.5	8.2	7.4	6.2	4.8	3.6	2.0	3.0	3.6	4.1
	11.4	9.2	8.9	9.1	8.6	8.1	9.3	8.9	8.6	8.0	7.0	5.9	4.7	3.3	2.8	3.9	4.4
	10.7	8.5	8.4	9.0	8.5	8.0	9.6	9.3	9.1	8.6	7.7	6.8	5.7	4.5	3.3	4.5	5.0
	9.5	9.4	9.4	10.3	9.8	9.5	9.3	9.3	9.2	8.9	8.1	7.5	6.4	5.5	3.7	4.9	5.3
	8.6	8.7	8.9	10.2	9.7	9.1	9.6	9.7	9.7	9.6	8.8	8.5	7.5	6.7	4.6	5.7	6.2
	7.7	7.7	8.0	9.7	9.2	9.1	9.4	9.7	9.8	9.8	9.2	9.1	8.1	7.6	5.3	6.3	6.6
	7.6	7.1	7.7	9.6	9.4	9.4	9.7	10.1	10.3	10.4	9.9	9.9	9.0	8.5	6.1	7.1	7.4
	7.0	6.7	7.5	9.8	9.4	9.5	10.3	10.9	11.1	11.3	10.9	11.1	10.2	9.8	7.4	8.2	8.5
	6.4	6.4	7.3	9.8	9.1	9.2	10.5	11.2	11.5	11.7	11.4	11.6	10.8	10.5	8.0	8.8	9.1
	6.0	5.8	6.8	9.4	8.1	8.4	10.3	11.1	11.4	11.7	11.4	11.8	11.0	10.9	8.3	9.1	9.3
	5.3	4.5	5.7	8.4			9.7	10.6	11.0	11.4	11.2	11.9	11.2	11.2	8.6	9.2	9.3
	4.0																

续表

E17	E18	E19	E20	E21	E22	E23	E24	E25	E26	E27	E28	E29	E30	E31	E32	E33
3.4	4.0	5.3	8.1	7.9	8.2	9.6	10.6	11.0	11.5	11.5	12.2	11.5	11.6	9.1	9.6	9.7
2.7	3.2	4.4	7.3	7.1	7.4	8.9	9.9	10.3	10.9	10.9	11.7	11.1	11.3	8.7	9.2	9.2
1.7	2.0	3.2	6.1	5.9	6.3	7.9	8.9	9.4	10.1	10.2	11.1	10.7	11.1	8.5	8.7	8.8
0.7	0.8	2.2	5.3	5.1	5.6	7.4	8.5	9.1	9.8	10.1	11.2	10.9	11.4	8.9	9.0	9.0
0.0	0.7	2.4	5.4	5.4	5.9	7.8	9.0	9.6	10.3	10.6	11.8	11.5	12.1	9.6	9.7	9.6
0.7	0.0	1.6	4.7	4.6	5.2	7.0	8.3	8.9	9.7	10.0	11.3	11.0	11.7	9.3	9.3	9.2
2.4	1.6	0.0	3.1	3.0	3.6	5.5	6.8	7.4	8.3	8.7	10.1	10.0	10.9	8.6	8.4	8.2
5.4	4.7	3.1	0.0	0.5	1.2	3.1	4.5	5.2	6.3	7.0	8.7	9.0	10.2	8.4	7.8	7.5
5.4	4.6	3.0	0.5	0.0	0.7	2.8	4.2	4.9	5.9	6.6	8.3	8.5	9.7	7.9	7.3	7.0
5.9	5.2	3.6	1.2	0.7	0.0	2.1	3.4	4.1	5.1	5.9	7.6	7.8	9.1	7.4	6.7	6.3
7.8	7.0	5.5	3.1	2.8	2.1	0.0	1.4	2.1	3.1	4.0	5.8	6.3	7.7	6.5	5.6	5.1
9.0	8.3	6.8	4.5	4.2	3.4	1.4	0.0	0.7	1.8	2.8	4.6	5.3	6.8	6.1	5.0	4.5
9.6	8.9	7.4	5.2	4.9	4.1	2.1	0.7	0.0	1.1	2.2	4.1	4.8	6.4	5.9	4.8	4.2
10.3	9.7	8.3	6.3	5.9	5.1	3.1	1.8	1.1	0.0	1.2	3.0	3.8	5.5	5.4	4.2	3.7
10.6	10.0	8.7	7.0	6.6	5.9	4.0	2.8	2.2	1.2	0.0	1.9	2.7	4.3	4.4	3.2	2.7
11.8	11.3	10.1	8.7	8.3	7.6	5.8	4.6	4.1	3.0	1.9	0.0	1.2	2.8	3.9	2.8	2.5
11.5	11.0	10.0	9.0	8.5	7.8	6.3	5.3	4.8	3.8	2.7	1.2	0.0	1.7	2.8	2.0	1.9
12.1	11.7	10.9	10.2	9.7	9.1	7.7	6.8	6.4	5.5	4.3	2.8	1.7	0.0	2.6	2.5	2.7
9.6	9.3	8.6	8.4	7.9	7.4	6.5	6.1	5.9	5.4	4.4	3.9	2.8	2.6	0.0	1.2	1.7

续表

E17	E18	E19	E20	E21	E22	E23	E24	E25	E26	E27	E28	E29	E30	E31	E32	E33
9.7	9.3	8.4	7.8	7.3	6.7	5.6	5.0	4.8	4.2	3.2	2.8	2.0	2.5	1.2	0.0	0.5
9.6	9.2	8.2	7.5	7.0	6.3	5.1	4.5	4.2	3.7	2.7	2.5	1.9	2.7	1.7	0.5	0.0
9.2	8.7	7.6	6.7	6.2	5.5	4.3	3.7	3.5	3.0	2.3	2.7	2.4	3.5	2.4	1.3	0.8
8.2	7.6	6.4	5.2	4.7	4.1	2.9	2.5	2.5	2.6	2.5	3.7	3.8	5.0	3.7	2.7	2.3
7.3	6.7	5.4	4.3	3.8	3.2	2.4	2.6	2.8	3.2	3.4	4.7	4.7	5.9	4.2	3.5	3.1
6.4	5.8	4.5	3.5	3.0	2.4	2.3	3.0	3.4	4.0	4.3	5.7	5.7	6.8	5.0	4.3	4.0
5.5	4.9	3.7	3.1	2.5	2.2	2.7	3.7	4.2	4.8	5.1	6.5	6.4	7.4	5.4	5.0	4.7
3.5	3.0	2.3	3.8	3.4	3.5	4.8	5.9	6.4	7.0	7.2	8.3	8.1	8.7	6.4	6.3	6.2
3.0	2.6	2.4	4.4	4.1	4.2	5.6	6.6	7.1	7.7	7.8	8.9	8.5	9.1	6.7	6.7	6.7
2.6	2.5	3.0	5.5	5.2	5.4	6.8	7.8	8.2	8.8	8.8	9.8	9.3	9.7	7.2	7.4	7.4
3.3	3.4	4.1	6.5	6.2	6.4	7.6	8.5	8.9	9.3	9.3	10.0	9.4	9.6	7.1	7.5	7.5
4.0	4.2	5.0	7.4	7.1	7.2	8.3	9.1	9.5	9.9	9.7	10.3	9.7	9.7	7.2	7.7	7.8
5.1	5.2	5.7	7.7	7.3	7.3	8.1	8.8	9.1	9.3	9.0	9.4	8.7	8.6	6.0	6.7	6.9
5.9	6.0	6.5	8.4	8.0	8.0	8.6	9.2	9.4	9.6	9.2	9.4	8.6	8.3	5.8	6.6	6.9
6.7	6.7	7.0	8.7	8.2	8.1	8.6	8.9	9.1	9.2	8.7	8.7	7.8	7.5	5.0	5.9	6.2
7.8	7.6	7.3	8.0	7.5	7.2	7.0	7.1	7.1	7.0	6.3	6.2	5.3	5.0	2.5	3.4	3.7
9.0	8.7	8.4	9.0	8.4	8.0	7.6	7.5	7.4	7.1	6.3	5.8	4.8	4.2	1.9	3.1	3.5
9.0	8.7	8.2	8.3	7.8	7.3	6.7	6.4	6.3	5.9	5.1	4.7	3.7	3.4	0.8	1.9	2.4
5.9	5.4	4.6	4.7	4.2	3.8	4.0	4.5	4.8	5.1	5.0	5.9	5.6	6.3	4.0	3.8	3.7

续表 2 (34~50 列)

E34	E35	E36	E37	E38	E39	E40	E41	E42	E43	E44	E45	E46	E47	E48	E49	E50
4.6	6.0	6.9	7.7	8.3	9.5	9.8	10.2	10.1	10.1	8.9	8.5	7.6	5.3	4.2	3.7	7.1
4.9	6.4	7.1	7.9	8.4	9.3	9.6	9.9	9.6	9.5	8.3	7.9	6.9	4.8	3.7	3.4	7.0
5.2	6.5	7.0	7.7	8.1	8.6	8.7	8.8	8.4	8.2	6.9	6.4	5.4	3.7	2.5	2.8	6.5
5.7	6.8	7.2	7.7	7.9	8.1	8.1	8.1	7.5	7.2	5.9	5.3	4.3	3.1	2.0	2.9	6.3
5.9	6.7	6.9	7.2	7.3	7.1	7.0	6.9	6.3	5.9	4.6	3.9	2.9	2.3	1.8	3.0	5.7
6.6	7.2	7.2	7.4	7.3	6.7	6.5	6.1	5.4	4.9	3.6	2.8	1.9	2.6	2.7	3.8	5.7
6.9	7.3	7.2	7.2	7.3	6.0	5.7	5.2	4.3	3.7	2.5	1.7	1.0	2.9	3.4	4.4	5.4
7.6	7.8	7.5	7.4	7.0	5.8	5.4	4.7	3.7	3.0	2.0	1.2	1.2	3.7	4.3	5.3	5.7
8.7	8.7	8.3	8.0	7.1	6.0	5.4	4.4	3.4	2.5	2.1	1.7	2.4	4.9	5.7	6.6	6.4
9.2	9.1	8.6	8.3	7.6	6.0	5.4	4.3	3.3	2.4	2.4	2.2	3.0	5.5	6.3	7.2	6.7
9.3	9.1	8.6	8.1	7.8	5.7	5.0	3.9	2.9	2.0	2.4	2.5	3.4	5.8	6.7	7.5	6.6
9.2	8.8	8.2	7.6	6.9	4.9	4.1	2.9	2.1	1.5	2.6	3.1	4.0	6.2	7.2	7.8	6.3
9.5	9.0	8.3	7.6	6.9	4.8	4.0	2.8	2.2	1.9	3.1	3.7	4.7	6.7	7.8	8.3	6.4
9.0	8.4	7.6	7.0	6.2	4.0	3.3	2.1	1.7	1.8	3.1	3.8	4.7	6.5	7.6	8.0	5.9
8.4	7.7	6.9	6.1	5.3	3.1	2.4	1.4	1.7	2.3	3.4	4.2	5.1	6.4	7.6	7.8	5.2
8.5	7.6	6.7	5.8	5.0	2.9	2.3	1.9	2.6	3.4	4.4	5.3	6.0	7.1	8.2	8.3	5.3
9.2	8.2	7.3	6.4	5.5	3.5	3.0	2.6	3.3	4.0	5.1	5.9	6.7	7.8	9.0	9.0	5.9
8.7	7.6	6.7	5.8	4.9	3.0	2.6	2.5	3.4	4.2	5.2	6.0	6.7	7.6	8.7	8.7	5.4
7.6	6.4	5.4	4.5	3.7	2.3	2.4	3.0	4.1	5.0	5.7	6.5	7.0	7.3	8.4	8.2	4.6

续表

E34	E35	E36	E37	E38	E39	E40	E41	E42	E43	E44	E45	E46	E47	E48	E49	E50
6.7	5.2	4.3	3.5	3.1	3.8	4.4	5.5	6.5	7.4	7.7	8.4	8.7	8.0	9.0	8.3	4.7
6.2	4.7	3.8	3.0	2.5	3.4	4.1	5.2	6.2	7.1	7.3	8.0	8.2	7.5	8.4	7.8	4.2
5.5	4.1	3.2	2.4	2.2	3.5	4.2	5.4	6.4	7.2	7.3	8.0	8.1	7.2	8.0	7.3	3.8
4.3	2.9	2.4	2.3	2.7	4.8	5.6	6.8	7.6	8.3	8.1	8.6	8.6	7.0	7.6	6.7	4.0
3.7	2.5	2.6	3.0	3.7	5.9	6.6	7.8	8.5	9.1	8.8	9.2	8.9	7.1	7.5	6.4	4.5
3.5	2.5	2.8	3.4	4.2	6.4	7.1	8.2	8.9	9.5	9.1	9.4	9.1	7.1	7.4	6.3	4.8
3.0	2.6	3.2	4.0	4.8	7.0	7.7	8.8	9.3	9.9	9.3	9.6	9.2	7.0	7.1	5.9	5.1
2.3	2.5	3.4	4.3	5.1	7.2	7.8	8.8	9.3	9.7	9.0	9.2	8.7	6.3	6.3	5.1	5.0
2.7	3.7	4.7	5.7	6.5	8.3	8.9	9.8	10.0	10.3	9.4	9.4	8.7	6.2	5.8	4.7	5.9
2.4	3.8	4.7	5.7	6.4	8.1	8.5	9.3	9.4	9.7	8.7	8.6	7.8	5.3	4.8	3.7	5.6
3.5	5.0	5.9	6.8	7.4	8.7	9.1	9.7	9.6	9.7	8.6	8.3	7.5	5.0	4.2	3.4	6.3
2.4	3.7	4.2	5.0	5.4	6.4	6.7	7.2	7.1	7.2	6.0	5.8	5.0	2.5	1.9	0.8	4.0
1.3	2.7	3.5	4.3	5.0	6.3	6.7	7.4	7.5	7.7	6.7	6.6	5.9	3.4	3.1	1.9	3.8
0.8	2.3	3.1	4.0	4.7	6.2	6.7	7.4	7.5	7.8	6.9	6.9	6.2	3.7	3.5	2.4	3.7
0.0	1.5	2.4	3.3	4.0	5.7	6.2	7.1	7.3	7.7	6.9	7.0	6.4	4.0	4.1	2.9	3.3
1.5	0.0	1.0	1.9	2.8	4.7	5.3	6.3	6.8	7.3	6.7	7.0	6.6	4.6	5.0	3.9	2.5
2.4	1.0	0.0	1.0	1.8	3.8	4.5	5.6	6.1	6.7	6.2	6.6	6.4	4.6	5.2	4.3	1.9
3.3	1.9	1.0	0.0	0.8	3.0	3.7	4.9	5.5	6.2	5.9	6.4	6.3	4.9	5.7	4.9	1.7
4.0	2.8	1.8	0.8	0.0	2.2	3.0	4.1	4.9	5.6	5.4	6.0	6.0	5.0	5.9	5.3	1.7

续表

	E34	E35	E36	E37	E38	E39	E40	E41	E42	E43	E44	E45	E46	E47	E48	E49	E50
	5.7	4.7	3.8	3.0	2.2	0.0	0.7	1.9	2.8	3.7	3.9	4.6	5.0	5.0	6.1	5.9	2.5
	6.2	5.3	4.5	3.7	3.0	0.7	0.0	1.2	2.1	3.0	3.4	4.2	4.7	5.0	6.2	6.1	3.0
	7.1	6.3	5.6	4.9	4.1	1.9	1.2	0.0	1.1	2.0	2.7	3.5	4.2	5.2	6.4	6.5	3.8
	7.3	6.8	6.1	5.5	4.9	2.8	2.1	1.1	0.0	0.9	1.8	2.6	3.4	4.9	6.0	6.3	4.2
	7.7	7.3	6.7	6.2	5.6	3.7	3.0	2.0	0.9	0.0	1.3	2.0	2.9	4.8	5.9	6.4	4.8
	6.9	6.7	6.2	5.9	5.4	3.9	3.4	2.7	1.8	1.3	0.0	0.8	1.7	3.6	4.6	5.2	4.3
	7.0	7.0	6.4	6.4	6.0	4.6	4.2	3.5	2.6	2.0	0.8	0.0	1.0	3.3	4.2	5.0	4.7
	6.4	6.6	6.4	6.3	6.0	5.0	4.7	4.2	3.4	2.9	1.7	1.0	0.0	2.5	3.3	4.2	4.6
	4.0	4.6	4.6	4.9	5.0	5.0	5.0	5.2	4.9	4.8	3.6	3.3	2.5	0.0	1.2	1.7	3.3
	4.1	5.0	5.2	5.7	5.9	6.1	6.2	6.4	6.0	5.9	4.6	4.2	3.3	1.2	0.0	1.2	4.2
	2.9	3.9	4.3	4.9	5.3	5.9	6.1	6.5	6.3	6.4	5.2	5.0	4.2	1.7	1.2	0.0	3.7
	3.3	2.5	1.9	1.7	1.7	2.5	3.0	3.8	4.2	4.8	4.3	4.7	4.6	3.3	4.2	3.7	0.0

附表 3 不同资源间物流成本（1～16 列）

企业编号	E1	E2	E3	E4	E5	E6	E7	E8	E9	E10	E11	E12	E13	E14	E15	E16
E1	0.0	2.1	5.4	8.0	10.5	11.0	13.0	15.0	14.0	19.1	12.0	13.0	10.0	9.0	13.0	14.0
E2	2.1	0.0	3.4	6.1	8.7	11.3	13.4	15.5	18.2	19.7	12.6	11.7	12.8	18.5	22.4	23.5
E3	5.4	3.4	0.0	2.7	5.4	8.1	10.3	12.4	15.1	16.6	17.6	18.9	20.1	20.0	15.1	21.5
E4	8.0	6.1	2.7	0.0	2.9	5.5	7.8	9.9	12.6	14.1	15.2	16.7	18.0	18.0	18.4	15.9

续表

企业编号	E1	E2	E3	E4	E5	E6	E7	E8	E9	E10	E11	E12	E13	E14	E15	E16
E5	8.5	8.7	5.4	2.9	0.0	2.6	4.9	7.0	9.7	11.2	12.3	13.9	15.2	15.3	15.8	13.5
E6	11.0	11.3	8.1	5.5	2.6	0.0	2.4	4.5	7.2	8.7	9.8	11.6	13.0	13.2	14.1	16.0
E7	13.0	13.4	10.3	7.8	4.9	2.4	0.0	2.1	4.9	6.3	7.5	9.2	10.6	10.9	11.9	13.9
E8	15.0	15.5	12.4	9.9	7.0	4.5	2.1	0.0	2.7	4.2	5.4	7.3	8.7	9.3	10.5	12.7
E9	14.0	18.2	15.1	12.6	9.7	7.2	4.9	2.7	0.0	1.5	2.8	5.2	6.7	7.6	9.4	11.7
E10	19.1	19.7	16.6	14.1	11.2	8.7	6.3	4.2	1.5	0.0	1.5	4.1	5.6	6.7	8.7	11.0
E11	12.0	12.6	17.6	15.2	12.3	9.8	7.5	5.4	2.8	1.5	0.0	2.7	4.1	5.3	7.5	9.8
E12	13.0	11.7	18.9	16.7	13.9	11.6	9.2	7.3	5.2	4.1	2.7	0.0	1.5	2.7	5.0	7.3
E13	10.0	12.8	20.1	18.0	15.2	13.0	10.6	8.7	6.7	5.6	4.1	1.5	0.0	1.7	4.1	6.3
E14	9.0	18.5	20.0	18.0	15.3	13.2	10.9	9.3	7.6	6.7	5.3	2.7	1.7	0.0	2.4	4.6
E15	13.0	22.4	15.1	18.4	15.8	14.1	11.9	10.5	9.4	8.7	7.5	5.0	4.1	2.4	0.0	2.4
E16	14.0	23.5	21.5	15.9	13.5	16.0	13.9	12.7	11.7	11.0	9.8	7.3	6.3	4.6	2.4	0.0
E17	10.0	14.9	22.9	17.3	14.9	17.3	15.2	13.9	12.7	12.0	10.7	8.1	6.9	5.4	3.4	1.4
E18	19.7	19.3	17.5	17.1	14.8	17.3	15.4	14.3	13.3	12.7	11.5	9.0	7.9	6.3	4.1	1.7
E19	18.3	18.2	16.7	16.7	14.7	17.7	16.1	15.3	15.0	14.7	13.6	11.3	10.5	8.9	6.5	4.5
E20	17.4	17.8	17.3	18.0	16.7	20.4	19.4	19.2	19.5	19.6	18.8	16.8	16.3	14.6	12.3	10.5
E21	16.4	16.8	16.2	16.9	15.7	19.4	18.4	18.3	18.8	18.9	18.1	16.3	15.8	14.2	11.9	10.3
E22	15.1	15.6	15.2	16.1	15.0	19.0	18.1	18.2	18.9	19.1	18.4	16.7	16.4	14.8	12.6	11.2

续表

企业编号	E1	E2	E3	E4	E5	E6	E7	E8	E9	E10	E11	E12	E13	E14	E15	E16
E23	17.6	13.4	13.7	15.1	14.6	19.1	18.8	19.3	15.5	17.0	16.6	15.3	15.2	13.7	15.7	14.7
E24	16.0	17.1	17.8	18.6	18.5	19.4	19.4	20.2	16.7	18.3	18.1	17.1	17.2	15.8	13.9	13.1
E25	15.1	16.3	17.3	18.3	18.4	19.5	19.7	20.6	17.2	18.9	18.8	17.9	18.1	16.7	14.9	14.2
E26	13.3	14.7	16.0	17.3	17.8	19.1	19.6	20.7	17.6	19.4	19.4	18.8	19.0	17.8	16.1	15.7
E27	11.0	12.4	13.9	15.4	16.1	17.7	18.4	19.7	16.8	18.7	18.9	18.5	18.9	17.8	16.3	16.1
E28	7.8	9.6	11.7	13.7	15.1	17.0	18.2	19.8	17.2	19.3	19.7	19.7	20.3	19.4	18.3	18.4
E29	5.7	7.3	9.3	11.3	12.8	14.9	16.2	18.0	15.4	17.6	18.1	18.3	19.1	18.3	17.3	17.7
E30	2.3	4.0	6.6	9.0	11.0	13.4	15.1	17.1	19.7	17.0	17.7	18.4	19.3	18.7	18.1	18.8
E31	6.2	6.0	5.7	6.6	7.4	9.3	10.5	12.3	14.8	16.1	16.7	17.2	18.1	17.5	13.0	13.8
E32	6.7	7.3	7.8	8.9	9.7	11.5	12.5	14.1	16.5	17.7	18.1	18.3	19.1	18.3	17.5	18.0
E33	7.5	8.2	8.8	10.0	10.7	12.3	13.3	14.8	17.1	18.2	18.6	18.7	19.4	18.5	17.5	18.0
E34	9.1	9.9	10.4	11.4	11.8	13.2	13.9	15.2	17.3	18.3	18.6	18.4	19.0	18.0	16.9	17.1
E35	12.1	12.8	13.0	13.6	13.5	14.4	14.6	15.6	17.4	18.2	18.2	17.6	18.0	16.8	15.3	15.2
E36	13.7	14.2	14.1	14.4	13.8	14.5	14.3	15.1	16.6	17.3	17.2	16.3	16.6	15.3	13.7	13.4
E37	15.4	15.8	15.4	15.3	14.5	14.8	14.3	14.8	16.0	16.6	16.3	15.2	15.3	13.9	12.2	11.7
E38	16.7	16.9	16.1	15.8	14.7	14.6	13.9	14.2	15.2	15.6	15.2	13.9	13.9	12.4	10.6	10.0
E39	18.9	18.6	17.1	16.1	14.2	13.4	12.0	11.6	11.9	12.0	11.4	9.7	9.6	8.1	6.1	5.8
E40	19.5	19.1	17.3	16.1	14.0	12.9	11.4	10.7	10.8	10.7	10.0	8.3	8.1	6.6	4.7	4.6

续表

企业编号	E1	E2	E3	E4	E5	E6	E7	E8	E9	E10	E11	E12	E13	E14	E15	E16
E41	20.5	19.8	17.7	16.1	13.7	12.3	10.3	9.4	8.9	8.7	7.8	5.9	5.7	4.2	2.7	3.8
E42	20.1	19.3	16.9	15.1	12.5	10.7	8.7	7.5	6.8	6.6	5.7	4.2	4.4	3.4	3.3	5.3
E43	20.1	19.1	16.5	14.5	11.7	9.7	7.5	6.0	5.0	4.8	4.0	3.0	3.8	3.5	4.5	6.7
E44	17.7	16.6	13.9	11.9	9.1	7.2	5.1	4.0	4.3	4.8	4.9	5.2	6.3	6.1	6.9	8.9
E45	17.0	15.7	12.8	10.6	7.8	5.7	3.4	2.4	3.4	4.4	5.0	6.1	7.4	7.6	8.5	10.5
E46	15.2	13.8	10.9	8.7	5.9	3.9	2.0	2.4	4.7	6.0	6.8	8.1	9.3	9.4	10.2	12.1
E47	10.5	9.6	7.3	6.1	4.7	5.3	5.8	7.4	9.8	11.0	11.7	12.4	13.4	13.0	12.9	14.1
E48	8.5	7.3	5.0	4.1	3.6	5.4	6.8	8.7	11.3	12.7	13.5	14.4	15.5	15.2	15.2	16.5
E49	7.5	6.8	5.6	5.8	6.0	7.7	8.9	10.6	13.1	14.4	15.0	15.6	16.6	16.0	15.7	16.7
E50	14.1	14.1	13.0	12.6	11.3	11.4	10.9	11.4	12.8	13.4	13.3	12.5	12.9	11.7	10.4	10.5

续表3 (17~33列)

E17	E18	E19	E20	E21	E22	E23	E24	E25	E26	E27	E28	E29	E30	E31	E32	E33
10.0	19.7	18.3	17.4	16.4	15.1	17.6	16.0	15.1	13.3	11.0	7.8	5.7	2.3	6.2	6.7	7.5
14.9	19.3	18.2	17.8	16.8	15.6	13.4	17.1	16.3	14.7	12.4	9.6	7.3	4.0	6.0	7.3	8.2
22.9	17.5	16.7	17.3	16.2	15.2	13.7	17.8	17.3	16.0	13.9	11.7	9.3	6.6	5.7	7.8	8.8
17.3	17.1	16.7	18.0	16.9	16.1	15.1	18.6	18.3	17.3	15.4	13.7	11.3	9.0	6.6	8.9	10.0
14.9	14.8	14.7	16.7	15.7	15.0	14.6	18.5	18.4	17.8	16.1	15.1	12.8	11.0	7.4	9.7	10.7

续表

E17	E18	E19	E20	E21	E22	E23	E24	E25	E26	E27	E28	E29	E30	E31	E32	E33
17.3	17.3	17.7	20.4	19.4	19.0	19.1	19.4	19.5	19.1	17.7	17.0	14.9	13.4	9.3	11.5	12.3
15.2	15.4	16.1	19.4	18.4	18.1	18.8	19.4	19.7	19.6	18.4	18.2	16.2	15.1	10.5	12.5	13.3
13.9	14.3	15.3	19.2	18.3	18.2	19.3	20.2	20.6	20.7	19.7	19.8	18.0	17.1	12.3	14.1	14.8
12.7	13.3	15.0	19.5	18.8	18.9	15.5	16.7	17.2	17.6	16.8	17.2	15.4	19.7	14.8	16.5	17.1
12.0	12.7	14.7	19.6	18.9	19.1	17.0	18.3	18.9	19.4	18.7	19.3	17.6	17.0	16.1	17.7	18.2
10.7	11.5	13.6	18.8	18.1	18.4	16.6	18.1	18.8	19.4	18.9	19.7	18.1	17.7	16.7	18.1	18.6
8.1	9.0	11.3	16.8	16.3	16.7	15.3	17.1	17.9	18.8	18.5	19.7	18.3	18.4	17.2	18.3	18.7
6.9	7.9	10.5	16.3	15.8	16.4	15.2	17.2	18.1	19.0	18.9	20.3	19.1	19.3	18.1	19.1	19.4
5.4	6.3	8.9	14.6	14.2	14.8	17.7	19.8	20.7	21.8	21.8	23.4	22.3	22.7	17.5	18.3	18.5
3.4	4.1	6.5	12.3	11.9	12.6	15.7	13.9	14.9	16.1	16.3	18.3	17.3	18.1	17.0	17.5	17.5
1.4	1.7	4.5	10.5	10.3	11.2	14.7	13.1	14.2	15.7	16.1	18.4	17.7	18.8	17.8	18.0	18.0
0.0	1.5	4.8	10.9	10.8	11.8	15.5	14.0	15.1	16.7	17.3	19.6	19.0	20.2	19.2	19.4	19.3
1.5	0.0	3.3	9.4	9.3	10.3	14.1	12.6	13.8	15.4	16.1	18.6	18.1	19.4	18.5	18.5	18.3
4.8	3.3	0.0	6.1	6.0	7.1	11.0	13.6	14.9	16.6	17.5	20.3	20.1	21.8	17.2	16.8	16.5
10.9	9.4	6.1	0.0	1.1	2.4	6.3	9.0	10.4	12.5	14.1	17.5	18.0	20.4	16.9	15.7	15.0
10.8	9.3	6.0	1.1	0.0	1.5	5.6	8.4	9.7	11.8	13.2	16.6	17.0	19.4	15.8	14.6	14.0
11.8	10.3	7.1	2.4	1.5	0.0	4.1	6.9	8.2	10.3	11.7	15.1	15.6	18.1	14.8	13.4	12.7
15.5	14.1	11.0	6.3	5.6	4.1	0.0	2.8	4.1	6.3	8.0	11.6	12.5	15.4	13.0	11.2	10.3

续表

E17	E18	E19	E20	E21	E22	E23	E24	E25	E26	E27	E28	E29	E30	E31	E32	E33
14.0	12.6	13.6	9.0	8.4	6.9	2.8	0.0	1.4	3.6	5.6	9.3	10.6	13.7	12.2	10.0	9.0
15.1	13.8	14.9	10.4	9.7	8.2	4.1	1.4	0.0	2.3	4.4	8.1	9.6	12.8	11.8	9.5	8.5
16.7	15.4	16.6	12.5	11.8	10.3	6.3	3.6	2.3	0.0	2.4	6.0	7.7	11.0	10.7	8.4	7.3
17.3	16.1	17.5	14.1	13.2	11.7	8.0	5.6	4.4	2.4	0.0	3.7	5.3	8.7	8.9	6.5	5.5
19.6	18.6	20.3	17.5	16.6	15.1	11.6	9.3	8.1	6.0	3.7	0.0	2.4	5.6	7.8	5.7	5.1
19.0	18.1	20.1	18.0	17.0	15.6	12.5	10.6	9.6	7.7	5.3	2.4	0.0	3.3	5.7	4.0	3.8
20.2	19.4	21.8	20.4	19.4	18.1	15.4	13.7	12.8	11.0	8.5	5.6	3.3	0.0	5.2	5.0	5.5
15.2	14.5	17.2	16.9	15.8	14.8	13.0	12.2	11.8	10.7	8.9	7.8	5.7	5.2	0.0	2.4	3.4
19.4	18.5	16.8	15.7	14.6	13.4	11.2	10.0	9.5	8.4	6.5	5.7	4.0	5.0	2.4	0.0	1.1
19.3	18.3	16.5	15.0	14.0	12.7	10.3	9.0	8.5	7.3	5.5	5.1	3.8	5.5	3.4	1.1	0.0
18.3	17.3	15.3	13.4	12.4	11.1	8.6	7.4	6.9	6.0	4.5	5.4	4.8	7.0	4.9	2.7	1.7
16.3	15.2	12.8	10.5	9.5	8.1	5.7	5.1	5.1	5.2	5.0	7.5	7.5	10.0	7.3	5.5	4.6
14.5	13.3	10.9	8.7	7.7	6.4	4.8	5.1	5.7	6.5	6.7	9.4	9.4	11.7	8.5	7.0	6.3
12.7	11.5	9.0	7.0	6.0	4.9	4.5	5.9	6.8	8.0	8.6	11.3	11.4	13.5	9.9	8.7	8.1
11.0	9.8	7.3	6.1	5.1	4.3	5.5	7.3	8.3	9.7	10.3	13.0	12.9	14.9	10.9	9.9	9.4
7.0	6.0	4.6	7.6	6.9	7.1	9.7	11.7	12.7	14.0	14.4	16.7	16.1	17.5	12.7	12.6	12.4
6.0	5.2	4.8	8.8	8.1	8.5	11.2	13.2	14.2	15.4	15.7	17.8	17.1	18.2	13.3	13.4	13.3
5.2	5.1	6.1	11.0	10.4	10.9	13.6	15.5	16.5	17.6	17.7	19.5	18.6	19.4	14.3	14.8	14.8

续表

	E17	E18	E19	E20	E21	E22	E23	E24	E25	E26	E27	E28	E29	E30	E31	E32	E33
	6.6	6.8	8.2	13.0	12.4	12.7	15.2	16.9	17.8	18.7	18.5	20.0	18.9	19.3	14.1	14.9	15.1
	7.9	8.4	9.9	14.8	14.1	14.4	16.7	18.3	19.1	19.8	19.5	20.7	19.4	19.5	14.3	15.4	15.7
	10.2	10.3	11.3	15.4	14.6	14.6	16.3	17.5	18.1	18.6	18.0	18.9	17.3	17.2	12.1	13.3	13.8
	11.8	12.0	13.0	16.9	16.0	16.0	17.3	18.4	18.8	19.2	18.3	18.8	17.2	16.7	11.7	13.2	13.7
	13.4	13.5	14.1	17.4	16.5	16.2	17.1	17.9	18.2	18.3	17.3	17.5	15.7	15.0	10.1	11.8	12.4
	15.6	15.2	14.6	16.1	15.0	14.3	14.0	14.1	14.2	13.9	12.6	12.4	10.6	10.0	5.0	6.7	7.5
	17.9	17.5	16.9	17.9	16.9	16.1	15.2	15.0	14.8	14.1	12.5	11.7	9.5	8.4	3.9	6.1	7.1
	18.1	17.5	16.4	16.7	15.6	14.6	13.4	12.8	12.6	11.8	10.2	9.4	7.4	6.7	1.7	3.8	4.7
	11.8	10.9	9.2	9.4	8.4	7.7	8.0	9.0	9.5	10.2	10.0	11.9	11.2	12.6	8.1	7.7	7.5

续表 3 (34～50 列)

	E34	E35	E36	E37	E38	E39	E40	E41	E42	E43	E44	E45	E46	E47	E48	E49	E50
	9.1	12.1	13.7	15.4	16.7	18.9	19.5	20.5	20.1	20.1	17.7	17.0	15.2	10.5	8.5	7.5	14.1
	9.9	12.8	14.2	15.8	16.9	18.6	19.1	19.8	19.3	19.1	16.6	15.7	13.8	9.6	7.3	6.8	14.1
	10.4	13.0	14.1	15.4	16.1	17.1	17.3	17.7	16.9	16.5	13.9	12.8	10.9	7.3	5.0	5.6	13.0
	11.4	13.6	14.4	15.3	15.8	16.1	16.1	16.1	15.1	14.5	11.9	10.6	8.7	6.1	4.1	5.8	12.6
	11.8	13.5	13.8	14.5	14.7	14.2	14.0	13.7	12.5	11.7	9.1	7.8	5.9	4.7	3.6	6.0	11.3
	13.2	14.4	14.5	14.8	14.6	13.4	12.9	12.3	10.7	9.7	7.2	5.7	3.9	5.3	5.4	7.7	11.4
	13.9	14.6	14.3	14.3	13.9	12.0	11.4	10.3	8.7	7.5	5.1	3.4	2.0	5.8	6.8	8.9	10.9

续表

E34	E35	E36	E37	E38	E39	E40	E41	E42	E43	E44	E45	E46	E47	E48	E49	E50
15.2	15.6	15.1	14.8	14.2	11.6	10.7	9.4	7.5	6.0	4.0	2.4	2.4	7.4	8.7	10.6	11.4
17.3	17.4	16.6	16.0	15.2	11.9	10.8	8.9	6.8	5.0	4.3	3.4	4.7	9.8	11.3	13.1	12.8
18.3	18.2	17.3	16.6	15.6	12.0	10.7	8.7	6.6	4.8	4.8	4.4	6.0	11.0	12.7	14.4	13.4
18.6	18.2	17.2	16.3	15.2	11.4	10.0	7.8	5.7	4.0	4.9	5.0	6.8	11.7	13.5	15.0	13.3
18.4	17.6	16.3	15.2	13.9	9.7	8.3	5.9	4.2	3.0	5.2	6.1	8.1	12.4	14.4	15.6	12.5
19.0	18.0	16.6	15.3	13.9	9.6	8.1	5.7	4.4	3.8	6.3	7.4	9.3	13.4	15.5	16.6	12.9
18.0	16.8	15.3	13.9	12.4	8.1	6.6	4.2	3.4	3.5	6.1	7.6	9.4	13.0	15.2	16.0	11.7
16.9	15.3	13.7	12.2	10.6	6.1	4.7	2.7	3.3	4.5	6.9	8.5	10.2	12.9	16.5	15.7	10.4
17.1	15.2	13.4	11.7	10.0	5.8	4.6	3.8	5.3	6.7	8.9	10.5	12.1	14.1	17.9	16.7	10.5
18.3	16.3	14.5	12.7	11.0	7.0	6.0	5.2	6.6	7.9	10.2	11.8	13.4	15.6	17.5	18.1	11.8
17.3	15.2	13.3	11.5	9.8	6.0	5.2	5.1	6.8	8.4	10.3	12.0	13.5	15.2	16.9	17.5	10.9
15.3	12.8	10.9	9.0	7.3	4.6	4.8	6.1	8.2	9.9	11.3	13.0	14.1	14.6	16.9	16.4	9.2
13.4	10.5	8.7	7.0	6.1	7.6	8.8	11.0	13.0	14.8	15.4	16.9	17.4	16.1	17.9	16.7	9.4
12.4	9.5	7.7	6.0	5.1	6.9	8.1	10.4	12.4	14.1	14.6	16.0	16.5	15.0	16.9	15.6	8.4
11.1	8.1	6.4	4.9	4.3	7.1	8.5	10.9	12.7	14.4	14.6	16.0	16.2	14.3	16.1	14.6	7.7
8.6	5.7	4.8	4.5	5.5	9.7	11.2	13.6	15.2	16.7	16.3	17.3	17.1	14.0	15.2	13.4	8.0
7.4	5.1	5.1	5.9	7.3	11.7	13.2	15.5	16.9	18.3	17.5	18.4	17.9	14.1	15.0	12.8	9.0
6.9	5.1	5.7	6.8	8.3	12.7	14.2	16.5	17.8	19.1	18.1	18.8	18.2	14.2	14.8	12.6	9.5
6.0	5.2	6.5	8.0	9.7	14.0	15.4	17.6	18.7	19.8	18.6	19.2	18.3	13.9	14.1	11.8	10.2

续表

E34	E35	E36	E37	E38	E39	E40	E41	E42	E43	E44	E45	E46	E47	E48	E49	E50
4.5	5.0	6.7	8.6	10.3	14.4	15.7	17.7	18.5	19.5	18.0	18.3	17.3	12.6	12.5	10.2	10.0
5.4	7.5	9.4	11.3	13.0	16.7	17.8	19.5	20.0	20.7	18.9	18.8	17.5	12.4	11.7	9.4	11.9
4.8	7.5	9.4	11.4	12.9	16.1	17.1	18.6	18.9	19.4	17.3	17.2	15.7	10.6	9.5	7.4	11.2
7.0	10.0	11.7	13.5	14.9	17.5	18.2	19.4	19.3	19.5	17.2	16.7	15.0	10.0	8.4	6.7	12.6
4.9	7.3	8.5	9.9	10.9	12.7	13.3	14.3	14.1	14.3	12.1	11.7	10.1	5.0	3.9	1.7	8.1
2.7	5.5	7.0	8.7	9.9	12.6	13.4	14.8	14.9	15.4	13.3	13.2	11.8	6.7	6.1	3.8	7.7
1.7	4.6	6.3	8.1	9.4	12.4	13.3	14.8	15.1	15.7	13.8	13.7	12.4	7.5	7.1	4.7	7.5
0.0	3.0	4.7	6.6	8.1	11.4	12.5	14.1	14.7	15.4	13.7	13.9	12.8	8.1	8.1	5.8	6.5
3.0	0.0	1.9	3.9	5.5	9.4	10.7	12.7	13.6	14.7	13.4	14.0	13.2	9.2	9.9	7.8	5.1
4.7	1.9	0.0	1.9	3.6	7.7	9.0	11.1	12.2	13.4	12.5	13.2	12.8	9.3	10.5	8.7	3.9
6.6	3.9	1.9	0.0	1.7	6.0	7.5	9.7	11.0	12.4	11.8	12.8	12.6	9.8	11.3	9.8	3.4
8.1	5.5	3.6	1.7	0.0	4.4	5.9	8.2	9.7	11.2	10.9	12.0	12.1	10.0	11.8	10.5	3.3
11.4	9.4	7.7	6.0	4.4	0.0	1.5	3.9	5.7	7.3	7.8	9.3	10.0	10.0	12.2	11.8	4.9
12.5	10.7	9.0	7.5	5.9	1.5	0.0	2.4	4.3	6.0	6.8	8.4	9.4	10.1	12.4	12.3	5.9
14.1	12.7	11.1	9.7	8.2	3.9	2.4	0.0	2.1	3.9	5.4	7.1	8.4	10.4	12.7	13.0	7.7
14.7	13.6	12.2	11.0	9.7	5.7	4.3	2.1	0.0	1.8	3.6	5.3	6.9	9.7	12.0	12.7	8.5
15.4	14.7	13.4	12.4	11.2	7.3	6.0	3.9	1.8	0.0	2.6	4.1	5.9	9.6	11.8	12.8	9.6
13.7	13.4	12.5	11.8	10.9	7.8	6.8	5.4	3.6	2.6	0.0	1.7	3.3	7.2	9.3	10.5	8.6
13.9	14.0	13.2	12.8	12.0	9.3	8.4	7.1	5.3	4.1	1.7	0.0	1.9	6.7	8.5	10.0	9.4

续表

	E34	E35	E36	E37	E38	E39	E40	E41	E42	E43	E44	E45	E46	E47	E48	E49	E50
	12.8	13.2	12.8	12.6	12.1	10.0	9.4	8.4	6.9	5.9	3.3	1.9	0.0	5.1	6.7	8.4	9.2
	8.1	9.2	9.3	9.8	10.0	10.0	10.1	10.4	9.7	9.6	7.2	6.7	5.1	0.0	2.4	3.3	6.7
	8.1	9.9	10.5	11.3	11.8	12.2	12.4	12.7	12.0	11.8	9.3	8.5	6.7	2.4	0.0	2.4	8.5
	5.8	7.8	8.7	9.8	10.5	11.8	12.3	13.0	12.7	12.8	10.5	10.0	8.4	3.3	2.4	0.0	7.5
	6.5	5.1	3.9	3.4	3.3	4.9	5.9	7.7	8.5	9.6	8.6	9.4	9.2	6.7	8.5	7.5	0.0

附表 4　二级制造任务 F_{ij} 的候选资源

编号为 1 的二级制造任务	编号为 2 的二级制造任务	编号为 3 的二级制造任务	编号为 4 的二级制造任务	编号为 5 的二级制造任务
1	2	1	1	1
3	5	3	2	4
5	7	8	4	6
7	10	10	6	8
12	13	12	8	9
14	17	16	11	16
16	20	19	13	17
19	23	22	15	20
24	25	24	17	21
26	27	26	21	24
29	30	28	23	27
32	31	30	26	28
			29	

续表

编号为 1 的二级制造任务	编号为 2 的二级制造任务	编号为 3 的二级制造任务	编号为 4 的二级制造任务	编号为 5 的二级制造任务
34	35			
37	36	34	31	33
40	38	35	32	38
41	39	36	33	40
45	44	39	37	41
46	47	42	39	43
47	48	44	42	45
49	50	46	43	46
15	18	49	48	50
		20	18	25

附表 5　初始 50 组资源服务加工能力相关信息

资源编号	二级制造任务	二级制造任务类型 1			二级制造任务类型 2			二级制造任务类型 3			二级制造任务类型 4			二级制造任务类型 5		
		加工时间	加工成本	服务效率	加工时间	加工成本	服务效率	加工时间	加工成本	服务效率	加工时间	加工成本	服务效率	加工时间	加工成本	服务效率
E1		12.3	28.3	0.42				11.6	15.9	0.75				16.1	18.1	0.85
E2		18.7	29.9	0.57	10.3	28.2	0.60	12.2	19.6	0.56	14.8	28.4	0.32			
E3		10.3	19.6	0.88	14.1	21.5	0.68				18.1	20.4	0.60	9.3	28.7	0.60
E4																
E5											12.1	61.8	0.52	15.7	15.0	0.36
E6																

续表

资源编号	二级制造任务	二级制造任务类型1			二级制造任务类型2			二级制造任务类型3			二级制造任务类型4			二级制造任务类型5		
		加工时间	加工成本	服务效率	加工时间	加工成本	服务效率	加工时间	加工成本	服务效率	加工时间	加工成本	服务效率	加工时间	加工成本	服务效率
	E7	10.3	18.0	0.86	8.8	24.8	0.96									
	E8							20.4	15.1	0.43	14.3	29.3	0.41	15.0	16.7	0.49
	E9													10.5	22.7	0.41
	E10				12.3	18.3	0.59	18.6	18.1	0.60	8.6	25.2	0.43			
	E11															
	E12	10.7	22.2	0.64	14.3	20.1	0.99	10.8	19.1	0.64	13.1	19.4	0.60			
	E13	9.4	21.2	0.58							11.5	18.1	0.37			
	E14	10.6	15.7	0.67												
	E15	12.8	13.3	0.59	18.6	20.7	0.51	11.9	25.2	0.38	13.1	25.1	0.72	11.7	17.4	0.50
	E16				9.6	20.7	0.79				10.9	20.6	0.63	13.7	19.1	0.61
	E17	16.8	16.9	0.76	7.1	36.0	0.77	16.1	17.5	0.71						
	E18							12.9	18.6	0.46						
	E19															
	E20										17.2	9.8	0.79	8.9	30.0	0.67
	E21							6.6	27.1	0.57				13.6	18.5	0.62
	E22				11.5	17.8	0.68				11.5	22.1	0.79			
	E23															

续表

资源编号	二级制任务	二级制造任务类型 1			二级制造任务类型 2			二级制造任务类型 3			二级制造任务类型 4			二级制造任务类型 5		
		加工时间	加工成本	服务效率	加工时间	加工成本	服务效率	加工时间	加工成本	服务效率	加工时间	加工成本	服务效率	加工时间	加工成本	服务效率
	E24	8.7	28.0	0.74				15.6	13.6	0.71				10.4	24.5	0.91
	E25	16.8	19.5	0.50	18.8	12.2	0.79							10.9	18.6	0.66
	E26				12.6	26.0	0.77	14.5	16.8	0.48	12.6	20.2	0.75			
	E27	17.4	11.9	0.60				7.6	23.2	0.50				17.8	15.7	0.96
	E28				12.6	34.4	0.42	8.1	33.2	0.73	14.8	17.7	0.32	18.3	27.8	0.75
	E29	12.2	16.3	0.31	13.8	25.0	0.39				10.1	33.3	0.35			
	E30										10.1	26.8	0.52			
	E31							15.6	21.6	0.49	14.8	24.0	0.67	10.97	15.2	0.97
	E32	17.4	21.5	0.99	12.8	34.1	0.98	12.8	12.9	0.88						
	E33				7.6	19.7	0.42	12.7	23.2	0.99						
	E34				13.9	29.9	0.32				17.4	24.9	0.76	21.9	33.4	0.47
	E35	20.6	13.5	0.42	12.6	18.1	0.69	15.9	29.6	0.81	11.9	15.1	0.59			
	E36	18.0	28.8	0.37										10.4	27.7	0.77

续表

资源编号	二级制造任务	二级制造任务类型 1			二级制造任务类型 2			二级制造任务类型 3			二级制造任务类型 4			二级制造任务类型 5		
		加工时间	加工成本	服务效率	加工时间	加工成本	服务效率	加工时间	加工成本	服务效率	加工时间	加工成本	服务效率	加工时间	加工成本	服务效率
E41		12.2	18.7	0.56										12.2	20.7	0.50
E42											11.2	24.5	0.87	13.4	25.5	0.77
E43											17.0	23.9	0.80			
E44					13.0	19.6	0.92									
E45		12.8	20.8	0.44				12.8	12.9	0.71				12.8	16.6	0.79
E46		18.9	19.7	0.64				19.9	30.7	0.38				13.5	22.9	0.35
E47		16.6	35.2	0.54	12.5	25.8	0.77									
E48					12.6	22.5	0.43				14.0	24.2	0.98			
E49		17.6	20.6	0.97				15.7	16.5	0.93						
E50					12.0	20.3	0.56							11.9	18.4	0.48

附表 6 各资源可靠度数据

资源	E1	E2	E3	E4	E5	E6	E7	E8	E9	E10	E11	E12	E13	E14	E15	E16	E17
可靠度	122	118	162	116	137	139	117	105	118	112	107	192	163	126	138	153	128
资源	E18	E19	E20	E21	E22	E23	E24	E25	E26	E27	E28	E29	E30	E31	E32	E33	E34
可靠度	136	96	107	126	135	160	162	120	120	116	144	117	152	96	118	166	129

续表

资源编号	E35	E36	E37	E38	E39	E40	E41	E42	E43	E44	E45	E46	E47	E48	E49	E50
可靠度	141	180	156	144	120	134	156	143	142	143	157	156	143	152	134	160

附表 7 相关资源属性改变后的数据

资源编号	二级制造任务	二级制造任务类型 1			二级制造任务类型 2			二级制造任务类型 3			二级制造任务类型 4			二级制造任务类型 5		
		加工时间	加工成本	服务效率	加工时间	加工成本	服务效率	加工时间	加工成本	服务效率	加工时间	加工成本	服务效率	加工时间	加工成本	服务效率
	E5	9.3	19.6	0.92	12.1	21.5	0.88									
	E12	10.7	22.2	0.44												
	E20				6.5	36.0	0.93	12.8	19.1	0.54				8.5	30.0	0.77
	E27				14.6	26.0	0.69	11.9	18.6	0.66				18.4	15.7	0.86

附表 8 新增资源相关数据

资源编号	二级制造任务	二级制造任务类型 1			二级制造任务类型 2			二级制造任务类型 3			二级制造任务类型 4			二级制造任务类型 5		
		加工时间	加工成本	服务效率	加工时间	加工成本	服务效率	加工时间	加工成本	服务效率	加工时间	加工成本	服务效率	加工时间	加工成本	服务效率
	E51	16.0	21.9	0.82												
	E52	12.1	21.8	0.52	11.8	13.9	0.83									
	E53							11.9	26.9	0.47	11.9	15.1	0.59	12.8	12.9	0.71
	E54				12.7	18.3	0.65				13.6	13.6	0.71			
	E55							10.8	24.8	0.96				14.6	18.1	0.69

附表 9 资源状态

资源	工作时间	损耗程度	服务区域	服务能力	服务信誉
1	1530	5	1	2	2
2	2530	4	1	2	2
3	20300	8	2	3	3
4	800	2	1	2	2
5	1340	2	1	2	3
6	3002	2	2	3	2
7	900	1	2	2	2
8	725	2	2	1	1
9	1560	2	1	3	3
10	21050	8	2	3	3
11	34000	9	1	3	3
12	500	1	2	3	2
13	400	1	1	1	2
14	3050	2	2	2	3
15	800	1	2	2	3
16	1800	1	2	2	2
17	25600	8	2	3	3

续表

资源	工作时间	损耗程度	服务区域	服务能力	服务信誉
18	950	1	2	2	2
19	1120	5	1	2	2
20	600	1	1	2	2

注：工作时间小于 1000h 且损耗程度小于等于 5 时不需要维护；工作时间大于 1000h 小于 20000h 且损耗程度小于等于 6 时，小修；工作时间大于 30000h 且损耗程度大于 7 时，大修；其余为中修。

附表 10 车间资源制造能力

车间资源	子任务类型 1			子任务类型 2			子任务类型 3			子任务类型 4			子任务类型 5		
	加工时间	加工成本	加工质量	加工时间	加工成本	加工质量	加工时间	加工成本	加工质量	加工时间	加工成本	加工质量	加工时间	加工成本	加工质量
E1	12.3	28.3	11.3				11.6	15.9	10.5				16.1	18.1	14.2
E2				10.3	28.2	9.8				14.8	28.4	11.5			
E3	18.7	29.9	10.6				12.2	19.6	8.3						
E4										18.1	20.4	9.6	9.3	28.7	11.2
E5	10.3	19.6	9.88	14.1	21.5	16.1									
E6										12.1	61.8	13.7	15.7	15.0	13.4
E7	10.3	18.0	15.8	8.8	24.8	8.9				14.3	29.3	12.2			
E8							20.4	15.1	11.2				15.0	16.7	12.4

续表

车间资源	子任务类型 1			子任务类型 2			子任务类型 3			子任务类型 4			子任务类型 5		
	加工时间	加工成本	加工质量	加工时间	加工成本	加工质量	加工时间	加工成本	加工质量	加工时间	加工成本	加工质量	加工时间	加工成本	加工质量
E9													10.5	22.7	9.5
E10	10.7	22.2		12.3	18.3	7.2									
E11							18.6	18.1	14						
E12			12.8	14.3	20.1	12.3				8.6	25.2	15.0			
E13			14.2				10.8	19.1	12.3						
E14	9.4	21.2	9.8							13.1	19.4	7.7			
E15	10.6	15.7	10.7												
E16	12.8	13.3					11.9	25.2	14.2	11.5	18.1	10.7	11.7	17.4	7.5
E17				18.6	20.7	8.7				13.1	25.1	7.2	13.7	19.1	6.9
E18				9.6	20.7	9.7	16.1	17.5	7.1	10.9	20.6	6.3			
E19	16.8	16.9	15.4				12.9	18.6	14.6						
E20				7.1	36.0	12.5							8.9	30.0	13.3
E21										17.2	9.8	13.4	13.6	18.5	16.6

续表

车间资源	子任务类型1 加工时间	子任务类型1 加工成本	子任务类型1 加工质量	子任务类型2 加工时间	子任务类型2 加工成本	子任务类型2 加工质量	子任务类型3 加工时间	子任务类型3 加工成本	子任务类型3 加工质量	子任务类型4 加工时间	子任务类型4 加工成本	子任务类型4 加工质量	子任务类型5 加工时间	子任务类型5 加工成本	子任务类型5 加工质量
E22				11.5	17.8	17.6	6.6	27.1	15.1						
E23	8.7	28.0	12.3							11.5	22.1	9.6	10.4	24.5	8.6
E24				18.8	12.2	12.5	15.6	13.6	9.2				10.9	18.6	10.2
E25	16.8	19.5	17.0				14.5	16.8	14.3	12.6	20.2	8.8			
E26				12.6	26.0	6.6	7.6	23.2	7.5						
E27	17.4	11.9								14.8	17.7	11.7	17.8	15.7	9.6
E28			6.5	12.6	34.4	12.8	8.1	33.2	8.9	10.1	33.3	12.4	18.3	27.8	10.1
E29				13.8	25.0	13.9				10.1	26.8	11.6			
E30	12.2	16.3	8.31												
E31							15.6	21.6	9.4	14.8	24.0	9.9			
E32	17.4	21.5	11.8	12.8	34.1	8.5	12.8	12.9	7.4				10.97	15.2	12.0

155

续表

车间资源	子任务类型 1			子任务类型 2			子任务类型 3			子任务类型 4			子任务类型 5		
	加工时间	加工成本	加工质量	加工时间	加工成本	加工质量	加工时间	加工成本	加工质量	加工时间	加工成本	加工质量	加工时间	加工成本	加工质量
E36	20.6	13.5	12.4	7.6	19.7	10.5	12.7	23.2	10.4						
E37				13.9	29.9	13.8				17.4	24.9	16.1	21.9	33.4	11.8
E38	18.0	28.8	8.4	12.6	18.1	16.0	15.9	29.6	8.3	11.9	15.1	9.5	10.4	27.7	9.8
E39	12.2	18.7	7.9										12.2	20.7	10.5
E40							12.1	16.3	9.5	11.2	24.5	12.9	13.4	25.5	11.2
E41				13.0	19.6	9.2	12.8	12.9	16.1	17.0	23.9	9.8			
E42	12.8	20.8	12.2				19.9	30.7	13.1				12.8	16.6	14.4
E43	18.9	19.7	6.4	12.5	25.8	13.3							13.5	22.9	9.3
E44	16.6	35.2	12.6	12.6	22.5	7.9	15.7	16.5	9.3	14.0	24.2	12.9			
E45															
E46															
E47															
E48															
E49	17.6	20.6	7.9										11.9	18.4	8.4
E50				12.0	20.3	15.6									

附表 11 各任务类型所需制造资源

任务	Task-CheJian 类型 I					Task-CheJian 类型 II				
资源	子任务 1	子任务 2	子任务 3	子任务 4	子任务 5	子任务 1	子任务 2	子任务 3	子任务 4	子任务 5
	1	1	2	2	1	2	1	1	2	1
	3	3	4	5	4	5	3	4	4	3
	5	8	6	7	6	7	8	6	6	5
	7	10	8	10	8	10	10	8	8	7
	12	12	11	13	9	13	12	9	11	12
	14	16	13	17	16	17	16	16	13	14
	16	19	15	20	17	20	19	17	15	19
	19	22	17	23	20	23	22	20	17	24
	24	24	21	25	21	25	24	21	21	26
	26	26	23	27	24	27	26	24	23	29
	29	28	26	30	27	30	28	27	26	32
	32	30	29	31	28	31	30	28	29	34
	34	34	31	35	33	35	34	33	31	37
	37	35	32	36	38	36	35	38	32	40
	40	36	33	38	40	38	36	40	33	41
	41	39	37	39	41	39	39	41	37	45
	45	42	39	44	43	44	42	43	39	46
	46	44	42	47	45	47	44	45	42	47
	47	46	43	48	46	48	46	46	43	49
	49	49	48	50	50	50	49	50	48	15
	15	20	18	18	25	18	20	25	18	

续表

任务	Task-CheJian 类型Ⅲ					Task-CheJian 类型Ⅳ				
资源	子任务1	子任务2	子任务3	子任务4	子任务5	子任务1	子任务2	子任务3	子任务4	子任务5
	1	2	1	2	1	1	1	2	1	2
	3	4	3	5	4	4	3	5	3	4
	8	6	5	7	6	6	8	7	5	6
	10	8	7	10	8	8	10	10	7	8
	12	11	12	13	9	9	12	13	12	11
	16	13	14	17	16	16	16	17	14	13
	19	15	16	20	17	17	19	20	16	15
	22	17	19	23	20	20	22	23	19	17
	24	21	24	25	21	21	24	25	24	21
	26	23	26	27	24	24	26	27	26	23
	28	26	29	30	27	27	28	30	29	26
	30	29	32	31	28	28	30	31	32	29
	34	31	34	35	33	33	34	35	34	31
	35	32	37	36	38	38	35	36	37	32
	36	33	40	38	40	40	36	38	40	33
	39	37	41	39	41	41	39	39	41	37
	42	39	45	44	43	43	42	44	45	39
	44	42	46	47	45	45	44	47	46	42
	46	43	47	48	46	46	46	48	47	43
	49	48	49	50	50	50	49	50	49	48
	20	18	15	18	25	25	20	18	15	18

续表

任务	Task-CheJian 类型V					Task-CheJian 类型VI				
	子任务1	子任务2	子任务3	子任务4	子任务5	子任务1	子任务2	子任务3	子任务4	子任务5
资源	1	1	2	1	2	1	2	2	1	1
	3	3	4	4	5	3	5	4	4	3
	5	8	6	6	7	8	7	6	6	5
	7	10	8	8	10	10	10	8	8	7
	12	12	11	9	13	12	13	11	9	12
	14	16	13	16	17	16	17	13	16	14
	16	19	15	17	20	19	20	15	17	16
	19	22	17	20	23	22	23	17	20	19
	24	24	21	21	25	24	25	21	21	24
	26	26	23	24	27	26	27	23	24	26
	29	28	26	27	30	28	30	26	27	29
	32	30	29	28	31	30	31	29	28	32
	34	34	31	33	35	34	35	31	33	34
	37	35	32	38	36	35	36	32	38	37
	40	36	33	40	38	36	38	33	40	40
	41	39	37	41	39	39	39	37	41	41
	45	42	39	43	44	42	44	39	43	45
	46	44	42	45	47	44	47	42	45	46
	47	46	43	46	48	46	48	43	46	47
	49	49	48	50	50	49	50	48	50	49
	15	20	18	25	18	20	18	18	25	15

续表

任务	Task-CheJian 类型Ⅶ					Task-CheJian 类型Ⅷ				
资源	子任务1	子任务2	子任务3	子任务4	子任务5	子任务1	子任务2	子任务3	子任务4	子任务5
	2	2	1	1	1	2	1	1	1	2
	4	5	3	4	3	5	4	3	4	5
	6	7	5	6	8	7	6	5	6	7
	8	10	7	8	10	10	8	7	8	10
	11	13	12	9	12	13	9	12	11	13
	13	17	14	16	16	17	16	14	13	17
	15	20	16	17	19	20	17	16	15	20
	17	23	19	20	22	23	20	19	17	23
	21	25	24	21	24	25	21	24	21	25
	23	27	26	24	26	27	24	26	23	27
	26	30	29	27	28	30	27	29	26	30
	29	31	32	28	30	31	28	32	29	31
	31	35	34	33	34	35	33	34	31	35
	32	36	37	38	35	36	38	37	32	36
	33	38	40	40	36	38	40	40	33	38
	37	39	41	41	39	39	41	41	37	39
	39	44	45	43	42	44	43	45	39	44
	42	47	46	45	44	47	45	46	42	47
	43	48	47	46	46	48	46	47	43	48
	48	50	49	50	49	50	50	49	48	50
	18	18	15	25	20	18	25	15	18	18

参 考 文 献

[1] Tao F, Li C, Liao T, et al. BGM-BLA: A new algorithm for dynamic migration of virtual machines in cloud computing [J]. IEEE Trans. Serv. Comput., 2015.

[2] Tao F, Zhang L, Lu K, et al. Research on manufacturing grid resource service optimal-selection and composition framework [J]. Enterprise Information Systems, 2012, 6 (2): 237-264.

[3] Laili Y, Tao F, Zhang L, et al. A study of optimal allocation of computing resources in cloud manufacturing systems [J]. The International Journal of Advanced Manufacturing Technology, 2012, 63 (5): 671-690.

[4] 李伯虎, 张霖. 云制造 [M]. 北京: 清华大学出版社, 2015: 1-10.

[5] Alkhanak E N, Lee S P, Khan S U R. Cost-aware challenges for workflow scheduling approaches in cloud computing environments: Taxonomy and opportunities [J]. Future Gen. Comput. Syst 50, 2015: 3-21.

[6] Malawski M, et al. Algorithms for cost- and deadline-constrained provisioning for scientific workflow ensembles in IaaS clouds [J]. Future Gen. Comput. Syst, 2015, 48, 1-18.

[7] Beimborn D, Miletzki T, Wenzel D W I S. Platform as a service (PaaS) [J]. Business & Information Systems Engineering, 2011, 3 (6): 381-384.

[8] Jafari Navimipour N et al. Job scheduling in the expert cloud based on genetic algorithms [J]. Kybernetes, 2014, 43 (8), 1262-1275.

[9] 李伯虎, 张霖, 王时龙, 等. 云制造——面向服务的网络化制造新模式 [J]. 计算机集成制造系统, 2010, 16 (1): 1-7.

[10] 康玲, 吴华, 王时龙, 等. 面向服务的云制造系统架构分析 [J]. 重庆大学学报, 2013, 36 (11): 66-73.

[11] 姚锡凡, 练肇通, 李永湘, 等. 面向云制造服务架构及集成开发环境 [J]. 计算机集成制造系统, 2012, 18 (10): 2312-2322.

[12] 姚锡凡, 金鸿, 李彬, 等. 事件驱动的面向云制造服务架构及其开源实现 [J]. 计算机集成制造系统, 2013, 19 (3): 654-661.

[13] 崔立真, 刘士军. 云制造PaaS平台中协同过程构建与定制方法 [J]. 计算机集成制造系统, 2012, 18 (10): 2331-2339.

[14] 张霖, 罗永亮, 陶飞, 等. 制造云构建关键技术研究 [J]. 计算机集成制造系统, 2010, 16 (11): 2510-2520.

[15] 李成海, 黄必清. 基于属性描述匹配的云制造服务资源搜索方法 [J]. 计算机集成制造系统, 2014, 20 (6): 1499-1507.

[16] 盛步云, 张成雷, 卢其兵, 等. 云制造服务平台供需智能匹配的研究与实现 [J]. 计算机集成制造系统, 2015, 21 (3): 822-830.

[17] 李颖新,敬石开,李向前,等. 云制造环境下基于用户行为感知的个性化知识服务技术 [J]. 计算机集成制造系统, 2015, 21 (3): 848-858.

[18] 程臻,战德臣,徐汉川. 云制造环境下基于本体的资源虚拟化方法 [J]. 华中科技大学学报（自然科学版）, 2013, 41 (s2): 106-112.

[19] 马成,孙宏波,肖田元,等. 一种模型驱动的云制造联邦接入技术 [J]. 计算机集成制造系统, 2012, 18 (7): 1536-1546.

[20] 王正成,黄洋. 面向服务链构建的云制造资源集成共享技术研究 [J]. 中国机械工程, 2012, 23 (11): 1324-1331.

[21] 甘佳,段桂江. 云制造服务信任评估技术 [J]. 计算机集成制造系统, 2012, 18 (7): 1527-1535.

[22] 林廷宇,李伯虎,柴旭东,等. 面向云制造的模型自动组合技术 [J]. 计算机集成制造系统, 2012, 18 (7): 1379-1386.

[23] 李向前,杨海成,敬石开,等. 面向集团企业云制造的知识服务建模 [J]. 计算机集成制造系统, 2012, 18 (8): 1869-1880.

[24] 吴晓晓,石胜友,侯俊杰,等. 航天云制造服务应用模式研究 [J]. 计算机集成制造系统, 2012, 18 (7): 1595-1603.

[25] 林廷宇,杨晨,谷牧,等. 面向航天复杂产品的云制造应用技术 [J]. 计算机集成制造系统, 2016, 22 (第4期): 884-898.

[26] 宋庭新,张成雷,李成海,等. 中小企业云制造服务平台的研究与开发 [J]. 计算机集成制造系统, 2013, 19 (05): 1147-1154.

[27] 刘日良,李鹏,张承瑞,等. 面向云制造的数控加工服务关键技术 [J]. 计算机集成制造系统, 2012, 18 (7): 1613-1619.

[28] 王学文. 煤矿装备云制造资源服务平台研究与应用 [J]. 煤炭学报, 2013, 38 (10): 1888-1893.

[29] 顾新建,黄沈权,陈芨熙,等. 模具行业需求驱动的云制造服务平台 [J]. 计算机集成制造系统, 2012, 18 (7): 1650-1657.

[30] 尹翰坤,尹超,龚小容,等. 汽摩零部件新产品开发云制造平台总体框架及关键技术 [J]. 计算机集成制造系统, 2013, 19 (09): 2332-2339.

[31] 闫洪波,于青,李强,等. 面向非标准件的云制造服务平台的研发 [J]. 机械设计与制造, 2014 (2): 262-264.

[32] 许湘敏. 云制造理念下基于本体及其环境感知的作业车间调度问题研究 [D]. 广州:华南理工大学, 2015.

[33] Jackson J R. Scheduling a production line to minimize maximum tardiness [J]. Management Sciences Research Project, 1955: 43-47.

[34] Tang Jianchao, Zhang Guoji, Lin Binbin, et al. A hybrid algorithm for flexible job-shop scheduling problem [J]. Procedia Engineering, 2011, 15 (1): 3678-3683.

[35] Li X, Lu J, Chai G, et al. Hybrid genetic algorithm for mixed-model hybrid-shop scheduling problem [J]. China Mechanical Engineering, 2012, 23 (8): 935-940.

[36] Chen K, Zheng W M. Cloud computing: System instances and current research [J]. Journal of Software, 2010, 20 (5): 1337-1348.

[37] Fu Jingzhi. A practical resource-searching method for manufacturing grid [J]. The International Journal of Advanced Manufacturing Technology, 2014, 74 (1): 335-340.

[38] Kessentini M, Ouni A, Langer P, et al. Search-based metamodel matching with structural and syntactic measures [J]. Journal of Systems & Software, 2014, 97: 1-14.

[39] Wang Jihua, Liu Hong, Wang Huayu. A mapping-based tree similarity algorithm and its application to ontology alignment [J]. Knowledge-Based Systems, 2014, 56 (C): 97-107.

[40] Tai Lijun, Hu Rufu, Chen Caowei, et al. Manufacturing resources and demand intelligent matching in cloud manufacturing environment [J]. Advanced Materials Research, 2012, 616-618: 2101-2104.